王陽明圖傳

李铎题

〔明〕冯梦龙　邹守益／原著

张昭炜／编注

上海古籍出版社

图书在版编目(CIP)数据

王阳明图传 / (明) 冯梦龙, (明) 邹守益原著 ; 张昭炜编注. -- 上海 : 上海古籍出版社, 2025. 9.
ISBN 978-7-5732-1727-1

Ⅰ. B248. 2-64

中国国家版本馆CIP数据核字第2025UM5444号

王阳明图传

[明] 冯梦龙　邹守益　原著

张昭炜　编注

上海古籍出版社出版发行

(上海市闵行区号景路159弄1-5号A座5F　邮政编码201101)

(1) 网址：www. guji. com. cn

(2) E-mail：guji1 @ guji. com. cn

(3) 易文网网址：www. ewen. co

常熟市文化印刷有限公司印刷

开本787×1092　1/32　印张10.375　插页3　字数175,000

2025年9月第1版　2025年9月第1次印刷

印数：1—3,100

ISBN 978-7-5732-1727-1

B·1477　定价：58.00元

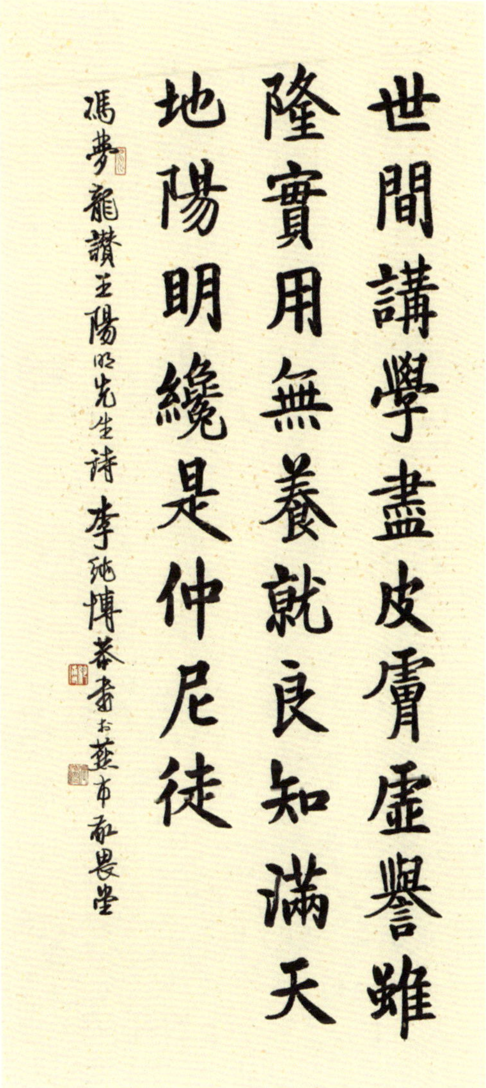
世間講學盡皮膚虛譽雖
隆實用無養就良知滿天
地陽明纔是仲尼徒
馮夢龍讚王陽明先生詩
李純博恭書於燕市敬畏堂

前言

一

王阳明(1472—1529),名守仁,字伯安,号阳明子,浙江余姚人,明代大儒,以"立德、立功、立言"真三不朽著称。本书是一本独特的王阳明传,将明代冯梦龙的《皇明大儒王阳明先生出身靖乱录》(以下简称《靖乱录》)、邹守益的《王阳明先生图谱》(以下简称《图谱》)合而为一,并加详注而成。冯梦龙文笔超绝,《靖乱录》是推动阳明传奇故事广泛流传的重要媒介。《靖乱录》原文包括正文和眉批,本书予以标点分章分段,并将《图谱》中全部29幅图分别插入正文相应的位置。除此之外,本书还增加了大量注释和三幅王阳明手迹。注释主要分五类:校勘记、生僻词语注释、引文查证、传奇故事增补、征引相关史料及研究成果以考证相关史实或提供其他说法。王阳明的三幅墨宝置于相关的正文之后,并加释读。

阳明学以“致良知”为宗旨,良知是真知,致良知是真行,知行合一,方是真学问。本书生动展现了王阳明波澜壮阔的一生,以及阳明学千锤百炼始成金的历程:少年王阳明以立志成圣贤为人生第一等事,龙场悟道确立学旨,通过知县庐陵、平山贼匪患、靖宁藩叛乱等实践和发展阳明学。事功是良知学的试金石,用兵屡建奇功基于“学问纯笃,养得此心不动”;[1]涵育内在道德之本与外在事功协同促进,成就一代大儒。

《图谱》的作者是王阳明的弟子邹守益。邹守益(1491—1562),字谦之,号东廓,江西吉安府安福县人。王阳明的主要事功在江西完成,一生精神俱在江右。邹守益是从学王阳明最早者之一,是江右王门领袖;在学问上深得阳明真传,在培养弟子方面亦卓有建树,其子邹善,其孙邹德涵、邹德溥、邹德泳均是阳明后学中重要人物。江右王门能够兴盛不衰,其中邹氏家族起了重要作用。嘉靖丁巳(1557),来自浙中王门的学使王宗沐视学吉安时,与邹守益共倡讲会,并为《图谱》作序。王宗沐认为,孔子的内在精神固然是根本,但其肖像形貌亦可以引发学子信心、坚定其信念,“三千笃信,沦浃肌髓,一旦泰山颓坏,众志茕然,如孺子之丧慈母,无所依归”,“苟一有所存焉,亦足以皜皜者。故自髫年以比白首，凡所作用，以其學取方焉。忠撓權嬖，志堅拂抑，崎崎甲兵，以及臨民處變，染翰吐詞，靡不精解融徹，而功業理學蓋宇宙百世師矣。當時及門之士，相與依依尊信，不啻二千之徒，今沒纔三十年，而亦稍稍失指趣。高弟安成東廓鄒公輩相與繪圖勒石，取先生平生經歷之所及與功用之大，譜而載焉。嗟夫！皜皜之體，人人同具，先生悟而用之，則凡後之求先生者，於心足矣。而公猶爲是，非獨己其師，亦以著教也。所謂係而待其興焉者也。據其漸則覺其進，考其終則見其成，而其中之備嘗辛苦艱難，僅得悟於百死一生之際者，學之道具在于茲，而獨載其事耶？余少慕先生，十四歲游會稽，而先生已沒，兩官先生舊遊之地，凡事先生者皆問而得槩焉，然不若披圖而溯之爲尤詳也。以余之尤有待於是，則後世可知，而鄒公之意遠矣。公遣金生應詔来請余序，爲道曾子之未盡者，以明公旨焉。

旹

嘉靖丁巳冬十有一月長至

賜進士出身中順大夫江西按察司副使奉

勅再提督學政臨海後學王宗沐書

收其将散之心，而植其未废之教”。这同样适用于王阳明：

> 阳明王先生天挺间出……功业、理学盖宇宙百世师矣。当时及门之士，相与依据尊信，不啻三千之徒。今没才三十年，学亦稍稍失指趣。高弟安成东廓邹公辈相与绘图勒石，取先生平生经历之所及，与功用之大，谱而载焉。……余少慕先生，十四岁游会稽，而先生已没。两官先生旧游之地，凡事先生者皆问而得概焉，然不若披图而溯之为尤详也。以余之尤有待于是，则后世可知，而邹公之意远矣。

由序言可知《图谱》之由来，同时也显示出《图谱》中图像的真实性与重要性，是后学追思王阳明的重要依据。王宗沐的盛赞反映出邹守益苦心作《图谱》的深远意义，这当然不限于在王阳明去世三十年后，直至今日，《图谱》仍是研究王阳明图像和事迹的重要文献。本书图谱部分据1941年影印本《王阳明先生图谱》，其后跋云：“其《图谱》一册，亦当时弟子所辑述者，先生事略具载于斯。明嘉靖间曾刊而行之。三百年来，遗书零落”，由程守中寻得善本影印而成。

此次整理的《靖乱录》底本为《古本小说丛刊》第四辑（中华书局，1990年）所收之影印本，原书不分章，本书分六章，补加标题：

第一章《早年传奇》：自王阳明之父王华事迹开始，至弘治十八年（1505）王阳明与湛若水定交，包括王阳明的家世、瑞云而生、梦马伏波、铁柱宫遇高道、结庐阳明洞等早年传奇故事。

第二章《龙场悟道》：自正德元年（1506）至正德九年（1514），包括王阳明上疏忤旨、谪戍贵州、龙场悟道、起复庐陵等经历。

第三章《破山中贼》：自正德十年（1515）至正德十三年（1518），叙述扫除南、赣匪患事迹。

第四章《靖宁藩乱》：正德十四年（1519），记载平定宸濠叛乱始末。

第五章《忠泰之变》：自正德十四年八月上疏谏止武宗皇帝亲征，至正德十五年（1520）九月再至南昌。讲述王阳明靖宁藩乱后遭小人诋毁及拈出“良知”的过程。君子以小人为砺石，王阳明拈出“致良知”，阳明学正式形成。

第六章《此心光明》：自正德十五年于南昌收王艮开始，至王阳明去世。王阳明晚年平广西思、田叛乱，打八寨、断藤峡，易如反掌；弟子盈门，所收王艮日后开创别开生面、盛极一时的泰州学派，邹守益、陈九川、何秦、黄弘纲、聂豹等成为江右王门的中流砥柱，王畿、董澐等奠基浙中王门……此心光明复何言，须至下丹圣果圆。

本书的传奇故事既有政途的艰险坎坷，也有军事的波澜壮阔；既有在百死千难、遭遇迫害时的不屈不挠，也有在靖乱时的当机立断、痛快淋漓。中间如梅花间竹，穿插了许多奇遇异闻。而贯穿所有传奇经历的主线则是阳明先生修身讲学、圆证良知的全过程。只有抓住这条主线，才能了解所有这些百回千折、辉煌功业不过是阳明先生致良知途中的风景、功到自然成的结果。当今社会以科技为第一生产力，在王阳明的世界中，良知是第一生产力。良知如春，事功如花，春到花自开；阳明学如日月，日月行而百化兴。良知不仅是内在的道德源泉，而且能够锻炼强大的内心，激发创造力，展现生命的盎然春意；致良知不仅可以养成圣贤人格，而且能够转化应用到深度思辨的哲学、超越生死的宗教、直透性灵的文学、全心为民的政治、战无不胜的军事、探索钻研的科学等领域，润沃身心，促进个人发展，成就辉煌事业。

二

冯梦龙与阳明后学颇有渊源，冯梦龙酷嗜泰州学派的李贽之学，奉为蓍蔡。李贽批点《忠义水浒传》，其门人携至吴中，冯梦龙与袁宏道门人袁叔度见而爱之，相对再三，精书妙补。[2]阳明后学李贽的童心说、袁宏道的性灵说对冯梦龙的文学创作有重要的影响。

《靖乱录》是冯著《三教偶拈》的一种，据序言：“宋之崇儒讲学，远过汉唐，而头巾习气刺于骨髓，国家元气日以耗削。”宋儒严于理气心性之辨，但若雕琢章句、空发议论，不向躬行践履、治国为民处着力，不免有头巾腐儒之讥、空谈误国之嫌。如同打蛇打七寸、杀人向咽喉处着刀一样，阳明学直接面向当下的问题，在为政、军事中致良知。冯梦龙作《靖乱录》的动机正是有鉴于此：“偶阅《王文成公年谱》，窃叹谓文事武备，儒家第一流人物。暇日演为小传，使天下之学儒者，知学问必如文成，方为有用。”[3]对比冯梦龙所看到的儒者：“堪笑伪儒无用处，一张利口快如风。”“今日讲坛如聚讼，惜无新建作明师。”[4]这种讲学像打官司的空谈风气在明末死灰复燃，他由此呼唤像王阳明一样的真儒来主持正学，挽救大厦将倾的明朝。

王阳明十四岁时习学弓马，留心兵法，多读韬钤之书，尝曰：“儒者患不知兵。仲尼有文事，必有武备。区区章句之儒，平时叨窃富贵，以词章粉饰太平，临事遇变，束手无策，此通儒之所羞也。”[5]冯梦龙赞誉王阳明：“真个是卷舒不违乎时，文武惟其所用，这才是有用的学问，这才是真儒。”[6]像王阳明这样的文武兼备之才，又何尝不是国家危亡时所祈盼的呢？《靖乱录》当作于甲申前一年，当时境况如何呢？

> 今日流贼之乱，从古未有。然起于何地？纵自何人？炎炎燎原，必有燃始。当事者从不究极于此，其可怪一也。守土之臣，不能战则守，不能守则死。今贼来则逃，贼退复往，甚则仓皇而走，仍然梱载而归。互相弥缝，恬不知耻，其可怪二也。兵不务精，以众相夸。纪律无闻，羁縻从事。官兵所至，行居觳觫。民之畏兵，甚于畏贼，其可怪三也。饷不核旧，耑务撮新。奸胥之腹，茹而不吐。贪吏之橐，结而不开。民已透输，官乃全欠，其可怪四也。京师天府，固于磐石。游骑一临，不攻自下。百官不效一筹，羽林不发一矢，其可怪五也。衣冠济济，声气相高。脚色纷纷，跪拜恐后。举天下科甲千百之众，而殉难才二十人，其可怪六也。[7]

王阳明为政务在开导人心，使百姓安居乐业，从根本上铲除流贼根苗，其靖乱功绩显赫，多是主动出击，哪可能有“贼来则逃，贼退复往”的懦弱之兵呢？阳明治军有方，纪律严明，军民一心，与明末的怪相形成了鲜明对比，如有像阳明一样的真儒当政，必无此六怪。冯梦龙为王阳明作传

偶閲王文成公年譜竊嘆謂文事武備儒家第一流人物暇日演爲小傳使天下之學儒者知學問必如文成方爲有用

東吴畸人七樂生撰

的动机密切关联着他所处的时代巨变，反映出当时士人评判学术、探究国家衰败原因、积极救亡图存的深刻思考和真切期盼。

三

《三教偶拈》于儒释道三教代表人物各选其一：道教为许逊，题名《许真君旌阳宫斩蛟记》；佛教是道济，题名《济颠罗汉净慈寺显圣记》。许逊、道济、王阳明共同的特征是：有济世的情怀，能够为百姓做事，深受人民爱戴。

三教合一是明季思想发展的主流，冯梦龙以济世作为儒释道的根基："是三教者，互相讥而莫能相废，吾谓得其意皆可以治世。""于释教，吾取其慈悲；于道教，吾取其清净；于儒教，吾取其平实。所谓得其意皆可以治世者，此也。"[8]三教在治世上各有所长，取三者之长以济世："崇儒之代，不废二教，亦谓导愚适俗，或有藉焉，以二教为儒之辅可也。"[9]这表明冯梦龙以儒家为统领的思想倾向。

王阳明出入释道，其中与道教的关系尤为密切。王阳明少年立志成圣，经娄谅"语宋儒格物之学，谓圣人必可学而至，遂深契之"。[10]九华山地藏洞老道点拨王阳明，直透性灵，备言佛老之要，渐及于儒，曰："周濂溪、程明道是儒者两个好秀才。”又曰:“朱考亭是个讲师,只未到最上一乘。”[11]《阳明先生年谱》中有大体相同的记述,但并未提及朱熹(考亭)。业师杜维明先生注意到,周濂溪(周敦颐)与程明道(程颢)的“精神努力在许多方面预示着守仁后半生的精神取向。还应该指出,许多思想史家论证说,守仁实际上属于程明道传统,而朱熹则是程颐(伊川)的真正的继承者。在儒学传统中,把周濂溪和程明道挑出来给予特别关注,并不是信口开河。它有一个审慎的意图,即降低朱熹的重要性。的确,据这段轶事的另一种叙述,朱熹实际上被看作儒学的讲师。这一陈述隐含着对这位宋代大儒的严厉批评。讲师可能善于辞令,口若悬河,但由于他的内心经验的品质仍然离儒学的典范教师的理想有差距,所以他还不能以他的全部身心来讲学”。[12]朱熹为讲师之说与冯梦龙对于宋儒的头巾之讥相呼应。在冯梦龙看来,程颐与朱熹可能在境界修为方面尚有欠缺,加之打着程朱理学幌子的末流好以纯儒自居,排斥释道,自然与二氏存有隔阂。地藏洞老道为阳明指出了学习的典范,周敦颐正是从内在的孔颜乐处启发程颢,阳明由此践行,同样是儒家的好秀才,这对于阳明反思朱子学,开创学问新气象有重要导向作用。

《许真君旌阳宫斩蛟记》又见于冯梦龙的《警世通言》

第四十卷《旌阳宫铁树镇妖》。王阳明与许逊的传说有些联系，如《许真君旌阳宫斩蛟记》结尾："正德戊寅年间，宁府阴谋不轨，亲诣其宫，真君降箕笔云：三三两两两三三，杀尽江南一檐耽。荷叶败时黄菊绽，大明依旧镇江山。后来果败。诸灵验不可尽述。"[13]许逊灵验之符的传说表明朱宸濠不得人心，失道寡助，注定失败。用王阳明比附许逊，表明后学对于王阳明的极度尊崇，如阳明后学董穀以阳明靖宸濠之乱比附许逊镇蛟：

> 嘉靖八年春，金华举人范信，字成之，谓余言：宁王初反时，飞报到金华，知府某不胜忧惧，延士大夫至府议之，范时亦在座。有赵推官者，常州人也，言于知府曰："公不须忧虑，阳明先生决擒之矣。"袖出旧书一小编，乃《许真君斩蛟记》也。卷末有一行云："蛟有遗腹子贻于世，落于江右，后被阳明子斩之。"既而不数日，果闻捷音。范语如此。余后于白玉蟾《修真十书》，始知真人斩蛟之事甚详。其略云：真人既制蛟于牙城南井，仍铸铁柱镇之，其柱出井数尺，下施八索，钩锁地脉。祝之曰："铁柱若亚，其妖再兴，吾当复出。铁柱若正，其妖永除。"由是水妖顿息，都邑无虞。复虑后世奸雄窃发，故因铁柱再记云："地胜人心善，应不出奸雠。纵有兴谋者，终须不到头。"又曰："吾

> 没后一千二百四十年间，此妖复出，为民害。豫章之境，五陵之内，当有地仙八百人出而诛之。”真人生于吴赤乌二年正月二十八日，至晋宁康三年八月朔，年一百三十六岁，拔宅上升云。余考传记，旌阳存日至今正德己卯，大约适当一千二百四十年之数。且所记铁柱井，今在洪都南城铁柱观中，而真人亦有庙在省城，其有功于南昌甚大。观江西士人言：宁王初生时，见有白龙自井中出，入于江。非定数而何哉？[14]

王阳明主要的事功在江西完成，江西百姓得以安居乐业，自然对他推崇备至。江西阳明学发展兴盛，阳明的传奇故事在民间广为传播，由此再结合流传已久的许真君斩蛟传说，自然成为民间创作题材。由《靖乱录》可知，阳明酷爱剑法，心仪马援，曾在铁柱宫学静坐之法，这与许真君有些相似；相传豫章蛟龙为害百姓，无恶不作，将朱宸濠比作蛟龙的遗腹子亦在情理之中。“康王梦蟒蛇一条，飞入宫中，将一宫之人登时啖尽，又张口来啮康王。”[15]正如康王所梦，朱宸濠果然败家叛乱，不仅劫持鄱阳湖中的来往船只，而且殃及南昌、九江等地百姓，朱宸濠何尝不是一个恶蛟呢？

许逊铁柱中所记的“纵有兴谋者，终须不到头”暗合降箕笔云“荷叶败时黄菊绽，大明依旧镇江山。”《许真君旌阳宫斩蛟记》与董穀所记传说有呼应之处：蛟龙被许逊追杀时，化作美少男子逃至长沙，与刺史贾玉之女成婚，生三子。后为许逊识破，拔剑诛三子。许逊欲杀贾玉之女时，贾玉夫妇跪请哀告，未杀。由此可呼应董縠所言蛟有遗腹子之事。许逊在长沙擒蛟后，“遂锁了孽龙，径回豫章。于是，驱使神兵铸铁为树，置之郡城南井中。下用铁索钩锁，镇其地脉，牢系孽龙于树。且祝之曰：‘铁树开花，其妖若兴，吾当复出。铁树居正，其妖永除，水妖屏迹，城邑无虞。’”[16]这与董縠所记许逊言“其妖再兴，吾当复出”如出一辙。

《济颠罗汉净慈寺显圣记》讲的是济公的故事。王阳明与道济也有一些关联，道济显圣的净慈寺，正是阳明上疏忤刘瑾、遭廷杖、出狱后的养病之地。王阳明擒获朱宸濠献俘后，亦养病于西湖净慈寺。当然，最有趣的是王阳明于西湖虎跑泉点化那位闭目塞听、枯坐三年的小僧，以禅机喝之曰：“这和尚终日口巴巴说甚么？终日眼睁睁看甚么？”[17]眉批：“绝妙禅理！”这真似道济再现。

四

《靖乱录》传入日本，经翻印后，流传甚广，同时也为研究者所重视。[18]国内《靖乱录》清代以来少见流传，2007

年凤凰出版社《冯梦龙全集》收入此书，但较少为人所注意。这种现象也映射出中日阳明学发展的差异，梁启超读《泰州学案》按语谓：

> 日本自幕府之末叶，王学始大盛，其著者曰大平中斋、曰吉田松阴、曰西乡南洲、曰江藤新平，皆为维新史上震天撼地人物。其心得及其行事与泰州学派盖甚相近矣。井上哲次郎一书曰《日本阳明派之哲学》，其结论云："王学入日本则成为一日本之王学，成活泼之事迹，留赫奕之痕迹，优于支那派远甚。"嘻！此殆未见吾泰州之学风焉尔。抑泰州之学，其初起气魄虽大，然终不能敌一般舆论，以致其传不能永，则所谓活泼赫奕者，其让日本专美亦宜。接其传而起其衰，则后学之责也。[19]

泰州学派中敢于赤手搏龙蛇之士充分发扬了阳明的豪杰气概，勇于担当，洋溢着良知学刚健活泼的精神，展现了凤凰翔于千仞之上的气象。虽然在阳明后学展开过程中，泰州学派末流猖狂自恣，流弊甚多，但是阳明学内在的精神气质依然不减，李贽盛赞泰州学派："盖心斋真英雄，故其徒亦英雄也。""一代高似一代，所谓大海不宿死尸，龙门不点破额，岂不信乎！"[20]据《心斋先生弟子师承》："计得诸贤四百八十七人，可谓盛矣。上自师保公卿，中及疆吏司道牧令，下逮士庶樵陶农吏，几无辈无之。考诸贤所出之地，几无省无之。”[21]阳明后学还有江右王门、浙中王门、止修学派等，中国阳明后学成活泼之事迹、留赫奕之痕迹者如过江之鲫。为什么初起气魄大，其传不能永呢？梁启超的话题关联着阳明学发展的困境。阳明学至三传弟子后的衰落与首辅张居正禁学、魏忠贤迫害正义之士等外部高压的政治环境有关，随着清廷确立，阳明学也几乎成为绝响。学难以讲，道如何修？同时，内部学派分化，良知异见层出，这需要深入分析阳明学发展的内在理路以及流弊产生的根源。只有对流弊有深刻的警醒，才能有效保证真精神的顺畅发用。当然，学术本身具有“自愈”功能，明末清初的大思想家方以智、王夫之、黄宗羲等对此都有深刻的反思。吾辈今日“宜接其传而起其衰”，既要深入发掘阳明学的内核精神，又要澄汰其流弊，既需要在义理上把握辨析，也需要以儒家典范为榜样，在其事迹中体会学习，汲取内在的精神力量，转化成自我人格培养、增进事业的源泉。

冈田武彦先生的《王阳明大传：知行合一的心学智慧》大量征引《靖乱录》，并予以说明：“可能有读者会问，《皇明大儒王阳明先生出身靖乱录》是传记小说，其中肯定会有虚构的成分，为什么还要引用呢？这是因为通过阅读这样的小说，读者可以更容易理解阳明思想的精髓。阳明思想中最出彩的‘体认’，其实是一种情感。”[22]冯梦龙作《靖乱录》时，将自己的真实情感灌注其中，读者也应怀着一种全身投入的真情，方能与之共鸣，心灵得以滋养。梁启超也曾讲道：王阳明学说宗旨的形成，“他自己必几经实验，痛下苦功，见得真切，终能拈出来”。阳明学是修养身心、磨炼人格的学问。如果对此把握不准，则学生以“吃书”为职业，学校和教师只是在“贩卖”知识。[23]诚若如此，何谈有本有根的真学问？更不用说事功与济世了。

五

正德十二年丁丑（1512），王阳明作《谕俗四条》，以劝善为首：

> 为善之人，非独其宗族亲戚爱之，朋友乡党敬之，虽鬼神亦阴相之。为恶之人，非独其宗族亲戚恶之，朋友乡党怨之，虽鬼神亦阴殛之。故“积善之家，必有余庆，积不善之家，必有余殃”。[24]

王阳明注意到，“破山中贼”后，要从根源上铲除匪患，必须进一步“破心中贼”：注重教化百姓，移风易俗，消除作恶的根源。“积善之家，必有余庆，积不善之家，必有余殃。”出自《易传·文言》，用今天通俗的话来讲，就是家庭成员共同积攒、放大正能量，则家庭兴旺，事业发达，而笼罩着负能量的家庭则相反，这是儒学在民间发挥宗教信仰功能的理论基石。劝人积善是冯梦龙小说的一贯主旨，他说：“六经《语》《孟》，谈者纷如，归于令人为忠臣、为孝子”，“为树德之士、为积善之家，如是而已矣”，“而通俗演义一种，遂足以佐经书史传之穷”。[25]这在《三教偶拈》中也有集中体现：道济之父李茂春为人纯厚；汉代兰期勉修孝行，感动仙灵：“夫孝至于天，日月为之明；孝至于地，万物为之生；孝至于民，王道为之成。”“上至天子，下至庶人，孝道所至，异类皆应。”[26]许逊的祖父许琰为人仁慈，罄家资救饥荒。值黄巾大乱，许都遭大荒，许逊的父亲许肃将自己的仓谷尽数周给各乡。“有监察神将许氏世代积善，奏知玉帝，若不厚报，无以劝善。”玉帝准奏，宣玉洞天仙身变金凤，口衔宝珠，下降许肃家投胎。有诗为证：“御殿亲传玉帝书，祥云蔼蔼凤衔珠。试看凡子生仙种，积善之家庆有余。”[27]由此形象诠释了《孝经·感应章》“孝悌之至，感于神明，光于四海，无所不通”。

与高深严肃的典籍相比，小说自有独特的作用：小说“资于通俗者多”，“试今说话人当场描写，可喜可愕，可悲可涕，可歌可舞。”“虽日诵《孝经》《论语》，其感人未必如是之捷且深也。噫，不通俗而能之乎？”[28]孝子贤臣的鲜活事迹是普及教化、移风易俗的最佳方式，这种方式深入人心，易晓易记，能在民间迅速传播。

《靖乱录》通过一些具体的事例展现孝忠等儒家核心价值，劝善止恶，如其中的两个反面典型：讲到阳明杀池仲容后，冯梦龙言：“人恶人怕天不怕，人善人欺天不欺。善恶到头终有报，只争来早与来迟。”[29]这不正是积善有余庆、积不善有余殃的另一种表达吗？朱宸濠作恶多端，不但自己身败名裂，而且导致整个宁王世家至此终结。

王阳明一家是《靖乱录》中为善的典型，阳明之父王华积德行善，不但自己得中状元，也因此感得神仙送子。冯梦龙讲述王华拒绝“欲借人间种”的美姬，并与王华中状元一事相关联，由此暗喻不邪淫、不贪色、不为恶，能够感神明、得功名、增福报。并记述阳明出生时，岑夫人梦神人衣绯腰玉，于云中鼓吹，送一小儿来家。积善有余庆，得贵子通常是余庆的重要特征，并伴有吉祥的征兆。但这些神异的事迹并非冯梦龙杜撰，而均有相关史传来源。王华的事迹见于《王阳明全集》卷三十八《海日先生行状》，王阳明降生的传说则阳明年谱、传记均有记载。而阳明弟子钱德洪所记尤为详尽：“岑夫人夜梦五色云中，见神人绯袍玉带，鼓吹导前，送儿授岑曰：‘与尔为子。’岑辞曰：‘吾已有子，吾媳妇事吾孝，愿得佳儿为孙。’神人许之。”[30]王华孝友出于天性，以身示教；子承父德，由此烘托王阳明的忠孝。王阳明上疏救戴铣遭廷杖，王华时为礼部侍郎，在京，喜曰：“吾子得为忠臣，垂名青史，吾愿足矣。”眉批：“是父是子。”[31]王阳明靖宁藩叛乱时，王华不惧危祸，“咸谓新建既与濠为敌，其势必阴使奸人来不利于公。先生笑曰：‘吾儿能弃家杀贼，吾乃独先去以为民望乎？祖宗德泽在天下，必不使残贼覆乱宗国，行见其败也。吾为国大臣，恨已老，不能荷戈首敌。倘不幸胜负之算不可期，犹将与乡里子弟共死此城耳’”。[32]王华的善义之举使得阳明能够不分心于家事，专注于靖乱，阳明的成功离不开家人的支持。冯梦龙在《靖乱录》中以王华开端，并在后来的行文中插入王华的事迹，父子一体，父子一心，彰显积善之家有余庆的宗旨。

冯梦龙认为“儒释道三教虽殊，总抹不得孝弟二字”。[33]在儒家看来，求忠臣于孝子之门，孝亲很容易转化成爱国，这种爱是一种充满深情的、积极的责任担当。当王阳明在平漳南匪寇后，主动乞假令旗令牌，使得便宜行事，由此进一步袭破山贼、平定宁藩叛乱。晚年平思、田叛乱后，看到八寨、断藤峡等处的山贼据险作乱，又因湖广归师之便，密授方略而袭平。其忠孝之心并不会因为刘瑾等奸佞的迫害而屈服，反而经过百死一生的磨炼而龙场悟道；也不会因为妒贤嫉功的江彬、许泰等小人的猜忌而损减，反而促成拈出“良知”，学问修养更加纯熟。像王阳明这样的孝子忠臣，又何尝不是冯梦龙在国家危亡时强烈呼唤的呢？阳明学是中国文化宝库中瑰丽的明珠，积淀在民族记忆深处。虽然几经摧折，但笔者坚信阳明学在中国的根仍然活着，复兴的基础依旧雄厚。如果读者在阅读中有所启发，能结合自己所处的境遇，活学活用，推动当下的事业的开展、社会的进步，方不愧真正有用的学问，才可以说是把握了阳明学的真精神。

张昭炜

2017年5月

注释

[1]

钱德洪《征宸濠反间遗事》,《王阳明全集》卷三十九，上海古籍出版社，2014年，第1632页。

[2]

许自昌《樗斋漫录》卷六，参见《相与校对〈忠义水浒传〉》,《冯梦龙集笺注》，天津古籍出版社，2006年，第250页。

[3]

《三教偶拈叙》，本书，第214页。

[4]

本书，第200、202页。

[5]

本书，第14页。

[6]

本书，第5页。

[7]

《中兴实录叙》,《甲申纪事》,《冯梦龙全集》第15册，第247—248页。

[8]

《三教偶拈叙》，本书，第214—215页。

[9]

《〈醒世恒言〉序》,《冯梦龙全集》第3册，第1页。

[10]

《王阳明全集》卷三十三《年谱一》，第1348页。

[11]

本书，第20页。

[12]

杜维明《宋明儒学思想之旅——青年王阳明(1472—1509)》,《杜维明文集》第三卷，武汉出版社，2002年，第63—64页。

[13]

《三教偶拈》,《冯梦龙全集》第10册，第204页。

[14]

董穀《斩蛟》,《碧里杂存》，明刻本，第15—16页。

[15]

本书，第129页。

[16]

《三教偶拈》,《冯梦龙全集》第10册，第194—197页。

[17]

本书，第24页。

[18]

参见中田胜《“王阳明先生出身靖乱录”考》，二松学舍大学《人文论丛》(23)，1982年，第1—10页。

[19]

《节本明儒学案》，商务印书馆，1916年，第

351—353页。

［20］

李贽《大孝一首》,《为黄安二上人三首》,《焚书》卷二，中华书局，1975年，第80页。

［21］

《王心斋全集》，江苏教育出版社，2001年，第109页。

［22］

《前言》,《王阳明大传：知行合一的心学智慧》，第3页。

［23］

梁启超《王阳明知行合一之教》,《饮冰室文集》之四十三,《饮冰室合集》第5册，中华书局，1989年，第23—24页。

［24］

《王阳明全集》卷二十四，第1010页。

[25]

《〈警世通言〉叙》,《冯梦龙全集》第2册,第663页。

[26]

《三教偶拈》,《冯梦龙全集》第10册,第146页。

[27]

《三教偶拈》,《冯梦龙全集》第10册,第150—151页。

[28]

《〈古今小说〉序》,《冯梦龙全集》第1册,第2—3页。

[29]

本书,第108页。

[30]

钱德洪《瑞云楼后记》,《徐爱　钱德洪　董澐集》,凤凰出版社,2007年,第170页。

[31]

本书，第46页。

[32]

陆深《海日先生行状》,《王阳明全集》卷三十八，第1550—1551页。

[33]

冯梦龙《庄子休鼓盆成大道》,《警世通言》卷二，《冯梦龙全集》第2册，第13页。

目录

001 前言/张昭炜

001 早年传奇

051 龙场悟道

097 破山中贼

151 靖宁藩乱

205 忠泰之变

227 此心光明

259 附录一 三教偶拈叙/冯梦龙

261 附录二 王阳明先生图谱序/王宗沐

264 附录三 明状元图考·状元王华

267 跋 王阳明致良知与靖乱的联动

壹

早年传奇

如今且说「道学」二字，道乃道理，学乃学问。有道理，便有学问，不能者待学而能，不知者待问而知，问总是学，学总是道，故谓之道学。

诗曰：

绵绵圣学已千年，
两字良知是口传。
欲识浑沦无斧凿，
须知规矩出方圆。
不离日用常行内，
直造先天未画前。
握手临歧更何语？
殷勤莫愧别离筵！[1]

这首诗，乃是国朝一位有名的道学*先生别门生之作。那位道学先生姓王，双名守仁，字伯安，学者称为阳明先生，乃浙江省绍兴府余姚县人也。

如今且说“道学”二字，道乃道理，学乃学问。有道理，便有学问，不能者待学而能，不知者待问而知，问总是学，学总是道，故谓之道学。且如鸿濛之世，茹毛饮血，不识不知，此时尚无道理可言，安有学问之名？自伏羲始画八卦，制文字，泄天地之精微，括人事之变化，于是学问渐兴。据古书所载：黄帝学于太真，颛帝学于录图，帝喾学于赤松子，尧学于君畴，舜学于务成昭，禹学于西王国，汤学于伊尹，文王学于时子思，武王学于尚父，成王学于周公。这几个有名的帝王，天纵聪明，何所不知，何所不能？只为道理无穷，不敢自足，所以必须资人讲解，此乃道学渊源之一派也。自周室东迁，教化渐衰，处士横议，天生孔圣人出来，删述六经，表章五教**，上接文、武、周公之脉，下开百千万世之绪，此乃帝王以后第一代讲学之祖。

汉儒因此立为经师：《易经》有田何、丁宽、孟喜、梁

---

* “道学”，指宋代出现的传承尧、舜、文王、周公、孔子、孟子之道，重视理气心性、天德王道的儒学。与后来出现的“理学”一词含义大致相同。

** “五教”，出自《尚书·舜典》：“帝曰：契，百姓不亲，五品不逊，汝作司徒，敬敷五教，在宽。”五教指父义、母慈、兄友、弟恭、子孝，亦指父子有亲，君臣有义，夫妇有别，长幼有序，朋友有信。

丘贺等,《书经》有伏胜、孔安国、刘向、欧阳高等,《诗经》有申培、毛公、王吉、匡衡等,《礼经》有大戴、小戴、后苍、高堂生等,《春秋》有公羊氏、穀梁氏、董仲舒、眭弘等。各执专经,聚徒讲解。当时明经行修者,荐举为官,所以人务实学,风俗敦厚。

及唐以诗赋取士,理学遂废,惟有昌黎伯韩愈,独发明道术,为一代之大儒。至宋太祖崇儒重道,后来真儒辈出,为濂洛关闽之传。濂以周茂叔为首,洛以二程为首,关以张横渠为首,闽以朱晦庵为首,于是理学大著。许衡、吴澄当胡元腥世,犹继其脉。

迄于皇明,薛瑄、罗伦、章懋、蔡清之徒,皆以正谊明道、清操劲节相尚,生为名臣,没载祀典,然功名事业,总不及阳明先生之盛。即如讲学一途,从来依经傍注,惟有先生揭"良知"二字为宗,直抉千圣千贤心印,开后人多少进修之路。只看他一生行事,横来竖去,从心所欲,勘乱解纷,无不底绩,都从良知挥霍出来。真个是卷舒不违乎时,文武惟其所用,这才是有用的学问,这才是真儒。所以国朝道学,公论必以阳明先生为第一。有诗为证:

世间讲学尽皮肤,
虚誉虽隆实用无。
养就良知满天地,

阳明才是仲尼徒。

且说阳明先生之父，名华，字德辉，别号龙山公，自幼警敏异常。六岁时，与群儿戏于水滨，望见一醉汉濯足于水中而去。公先到水次，见一布囊，提之颇重，意其中必有物，知是前醉汉所遗，酒醒必追寻至此，犹恐为他儿所见，乃潜投于水中。

群儿至，问："汝投水是何物？"

还金，廉士所能也。出于六岁儿，异矣。尤异处在保全此金以待客。

公谬对曰："石块耳。"

群儿戏罢，将晚餐，拉公同归。公假称腹痛不能行，独坐水次而守之。少顷，前醉汉酒醒，悟失囊，号泣而至。

公起迎，问曰："汝求囊中物耶？"

醉汉曰："然。童子曾见之否？"

公曰："吾恐为他人所取，为汝藏于水中。汝可自取。"

醉汉取囊，解而视之，内裹白金数锭，分毫不动。

醉汉大惊曰："闻古人有还金之事，不意出自童子。"

简一小锭为谢曰："与尔买果饵吃。"

公笑曰："吾家岂乏果饵而需尔金耶？"

奔而去。归家，亦绝不言于父母。[2]

年七岁，母岑夫人授以句读。值邑中迎春，里中儿皆欢呼出观，公危坐，读书不辍。

岑夫人怜之，谓曰："儿可出外暂观，再读不妨。"

十二年丙申，先生五岁，尚未能言。一日，与群儿戏，见一异人过，熟目之而去。先生追蹑里许，异人愕然，还见竹轩翁曰："好个小孩儿，可惜叫破了。"

公拱手对曰："观春不若观书也。"

岑夫人喜曰："是儿他日成就殆不可量！"

自此，送乡塾就学，过目辄不忘。同学小儿所读书，经其耳，无不成诵。

年十一，从里师钱希宠，初习对句，辄工。月余，学为诗，又月余，学为文，出语惊人。为文两月，同学诸生虽年长，无出其右者。

钱师惊叹曰："一岁之后，吾且无以教汝矣！"

值新县令出外拜客，仆从甚盛，在塾前喝道而过。同学生停书，争往出观，公据案朗诵不辍，声琅琅达外。

钱师止之曰："汝不畏知县耶？"

公对曰："知县亦人耳，吾何畏？况读书未有罪也。"

钱师语其父竹轩翁曰："令公子德器如此，定非常人！"[3]

年十四，学成，假馆于龙泉寺。寺有妖祟，每夜出，抛砖弄瓦，往时借寓读书者咸受惊恐，或发病，不敢复居。公独与一苍头*寝处其中，寂然无声。僧异之，乘其夜读，假以猪尿泡涂灰粉，画眉眼其上，用芦管透入窗棂，嘘气涨泡，如鬼头形。僧口作鬼声，欲以动公。公取床头小刀刺泡，泡气泄。僧拽出，公投刀，复诵读如常，了不为异。闻者皆为缩舌。[4]

---

* "苍头"，原指士卒的皂巾，后代指奴仆。

娶夫人郑氏于成化七年，怀娠凡十四月，岑夫人梦神人衣绯腰玉，于云中鼓吹，送一小儿来家。比惊醒，闻啼声，侍女报郑夫人已产儿，儿即阳明先生也。[5]

竹轩公初取名曰“云”，乡人因指所生楼曰“瑞云楼”。云五岁，尚不能言。一日，有神僧过之，闻奶娘呼名，僧摩其顶曰：“好个小儿，可惜道破了。”

竹轩翁疑梦不当泄，乃更名守仁。是日遂能言。[6]

且祖父所读书，每每口诵，讶问曰：“儿何以能诵？”

对曰：“向时虽不言，然闻声已暗记矣。”

其神契如此。

有富室闻龙山公名，迎至家园馆谷。忽一夜，有美姬造其馆，华惊避。

美姬曰：“勿相讶，我乃主人之妾也。因主人无子，欲借种于郎君耳。”

公曰：“蒙主人厚意留此，岂可为此不肖之事？”

姬即于袖中出一扇，曰：“此主人之命也。郎君但看扇头字，当知之。”

公视扇面，果主人亲笔，书五字，曰：“欲借人间种。”

公援笔添五字于后，曰：“恐惊天上神。”

厉色拒之。姬怅怅而去。

公既中乡榜，明年会试，前富室主人延一高真*设醮祈嗣，高真伏坛，遂睡去，久而不起。既醒，主人问其故。

高真曰："适梦捧章至三天门，遇天上迎状元榜，久乃得达，故迟迟耳。"

主人问："状元为谁？"

高真曰："不知姓名。但马前有旗二面，旗上书一联云：'欲借人间种，恐惊天上神。'"

主人默然大骇。

时成化十七年辛丑之春也。未几，会试报至，公果状元及第。阳明先生时年十岁矣。

次年壬寅，公在京师，迎养其父竹轩翁，翁因携先生同往。过金山寺，竹轩公与客酣饮，拟作诗，未成。先生在旁索笔。

竹轩翁曰："孺子亦能赋耶？"

先生即书四句云：

金山一点大如拳，
打破维扬水底天。
醉倚妙高楼上月，

---

* "高真"，道教中称得道之人为"高真"。

十五年己亥，先生八岁，大父竹轩翁授以《曲礼》，过目成诵。一日，忽诵竹轩翁所尝读书，翁惊问之。曰：“闻公公读时，吾言虽不能出口，已默记矣。”

玉箫吹彻洞龙眠。

坐客惊异，咸为起敬。少顷，游蔽月山房[7]，竹轩公曰："孺子还能作一诗否？"

先生应声吟曰：

山近月远觉月小，
便道此山大于月。
若人有眼大如天，
还见山小月更阔。

坐客谓竹轩翁曰："令孙声口，俱不落凡。想他日定当以文章名天下。"

先生曰："文章小事，何足成名？"

众益异之。

十二岁，在京师就塾师，不肯专心诵读。每潜出，与群儿戏，制大小旗帜，付群儿持立四面，自己为大将，居中调度，左旋右转，略如战阵之势。龙山公出，见之，怒曰："吾家世以读书显，安用是为？"

先生曰："读书有何用处？"

龙山公曰："读书则为大官，如汝父中状元，皆读书

十八年壬寅，竹轩公以龙山公辛丑及第，携先生之京。过金山，与客酣饮，拟赋金山诗。先生即应声曰："金山一点大如拳，打破维扬水底天。醉倚妙高台上月，玉箫吹彻洞龙眠。"客欲试之，命赋蔽月山房，即随应曰："山近月远觉月小，便道此山大于月。若人有眼大如天，还见山小月更阔。"

力也。”

先生曰：“父中状元，子孙世代还是状元否？”

龙山公曰：“止我一世耳。汝若要中状元，还是去勤读。”

先生笑曰：“只一代，虽状元，不为希罕。”

父益怒，朴责之。

先□□□□，又尝问塾师曰：“天下何事为第一等人？”

塾师曰：“嵬科高第，显亲扬名，如尊公，乃第一等人也。”

先生吟曰：“嵬科高第时时有，岂是人间第一流？”

塾师曰：“据孺子之见，以何事为第一？”

先生曰：“惟为圣贤方是第一！”

龙山公闻之，笑曰：“孺子之志，何其奢也！”

世爵、大儒福德，俱自幼而定。

先生一日出游市上，见卖雀儿者，欲得之，卖雀者不肯与，先生与之争。有相士号麻衣神相，一见先生，惊曰：“此子他日大贵，当建非常功名！”

乃自出钱，买雀以赠先生，因以手抚其面曰：“孺子记吾言：

须拂领，其时入圣境；

须至上丹台，其时结圣胎；

须至下丹田，其时圣果圆。”

又嘱曰：“孺子当读书自爱，吾所言将来必有应验。”

言讫遂去。

先生感其言，自此潜心诵读，学问日进。

十三岁，母夫人郑氏卒。先生居丧，哭泣甚哀。父有所宠小夫人，待先生不以礼。先生游于街市，见有缚鸮鸟一只求售者，先生出钱买之，复怀银五钱，赠一巫妪，授以口语：“见庶母，如此恁般。”

先生归，将鸮鸟潜匿于庶母床被中。母发被，鸮冲出，绕屋而飞，口作怪声。小夫人大惧，开窗逐之，良久方去。俗忌野鸟入室，况鸮乃恶声之鸟，见者以为不祥。又伏于被中，曲房深户，重帷锦衾，何自而入，岂不是大怪极异之事？先生闻房中惊诧之声，佯为不知，入问其故，小夫人述言有此怪异。

先生曰：“何不召巫者询之？”

小夫人使人召巫妪，巫妪入门，便言家有怪气。

既见小夫人，又言：“夫人气色不佳，当有大灾晦至矣。”

小大人告以发被得鸮鸟之异，巫妪曰：“老妇当问诸家神。”

即具香烛，命小夫人下拜。索钱楮[*]，焚讫，妪即谬托郑夫人附体，言曰："汝待我儿无礼，吾诉于天曹，将取汝命！适怪鸟，即我所化也。"

小夫人信以为真，跪拜无数，伏罪悔过，言："此后再不敢！"

良久，媪苏曰："适见先夫人，意色甚怒，将托怪鸟啄尔生魂，幸夫人许以改过，方才升屋檐而去。"

小夫人自此待先生加意有礼。

先生尚童年，其权术已不测如此矣。

先生十四岁，习学弓马，留心兵法，多读韬钤[**]之书，尝曰：

> 儒者患不知兵。仲尼有文事，必有武备。区区章句之儒，平时叨窃富贵，以词章粉饰太平，临事遇变，束手无策，此通儒之所羞也。

十五岁，从父执父辈谓之父执。游居庸三关，慨然有经略四方之志。一日，梦谒伏波将军庙，汉马援封伏波将军。赋诗曰：

---

* "楮"，落叶乔木，皮可做纸，代指祭祀用的纸钱。

** "韬钤"，原指《六韬》及《玉钤篇》两兵书，后泛指兵书。

卷甲归来马伏波，
早年兵法鬓毛皤。
云埋铜柱雷轰折，
六字题文尚不磨。[8]

其时地方水旱，盗贼乘机作乱，畿内有石英、王勇，陕西有石和尚、刘千斤，屡屡攻破城池，劫掠府库，官军不能收捕。先生言于龙山公："欲以诸生上书，请效终军故事。[9]愿得壮卒万人，削平草寇，以靖海内。"

龙山公曰："汝病狂耶！书生妄言取死耳！"

先生乃不敢言，于是益专心于学问。[10]

弘治元年，先生十七岁，归余姚，遂往江西就亲，所娶诸氏夫人，乃江西布政司参议诸养和公之女也。既成婚官署中，一日信步出行，至许旌阳铁柱宫，于殿侧遇一道者，庞眉皓首，盘膝静坐。先生叩曰："道者何处人？"

道者对曰："蜀人也，因访道侣至此。"

先生问："其寿几何？"

对曰："九十六岁矣。"

问其姓，对曰："自幼出外，不知姓名。人见我时时静坐，呼我曰'无为道者'。"

先生见其精神健旺，声如洪钟，疑是得道之人，因叩以养生之术。道者曰:“养生之诀,无过一静。老子清净,庄生逍遥,惟清净而后能逍遥也。”

因教先生以导引之法。先生恍然有悟,乃与道者闭目对坐,如一对槁木,不知日之已暮,并寝食俱忘之矣。

诸夫人不见先生归署,言于参议公,使衙役遍索,不得。至次日天明,始遇之于铁柱宫中,隔夜坐处尚未移动也。衙役以参议命促归,先生呼道者与别。

道者曰:“珍重珍重。二十年后,当再见于海上也。”[11]

先生回署。署中蓄纸最富,先生日取学书,纸为之空,书法大进。先生自言:“吾始学书,对模古帖,止得字形。其后不轻落纸,凝思于心,久之,始通其法。明道程先生有曰:‘吾作字甚敬,非是要字好,只此是学。’夫既不要字好,所学何事?只‘不要字好’一念,亦是不敬。”[12]

便能参驳先儒,识见超异。

闻者叹服。

明年己酉,先生十八岁。是冬,与诸夫人同返余姚。行至广信府上饶县,谒道学娄一斋,名谅。语以宋儒格物致知之义,谓圣人必可学而至。[13]先生深以为然。自是,奋然有求为圣贤之志。平日好谐谑豪放,此后每每端坐省言,曰:“吾知过矣。蘧伯玉行年五十,而知四十九之非,何其晚也!”[14]

尝梦王威宁伯遗以弓矢宝剑，后差筑威宁坟，其家果赠，如所梦。梦南征，谒马伏波庙，题诗曰："卷甲归来马伏波，早年兵法鬓毛皤。云埋铜柱雷轰折，六字题文尚不磨。"及征田州，果验。

弘治五年壬子，先生年二十一岁，竹轩翁卒于京师，龙山公奉其丧以归。[15]

是秋，先生初赴乡试场中。夜半，巡场者见二巨人：一衣绯，一衣绿，东西相向立，大声言曰："三人好做事。"言讫，忽不见。及发榜，先生与孙忠烈燧、胡尚书世宁同举。其后，宁王宸濠之变，胡发其奸，孙死其难，先生平其乱，人以为"三人好做事"，此其验也。

明年癸丑春，会试下第。宰相李西涯讳东阳，时方为文章主盟，服先生之才，戏呼为来科状元。丙辰，再会试，复被黜落。[16]同寓友人以不第为耻，先生曰："世情以不得第为耻，吾以不得第动心为耻。"友人服其涵养。时龙山公已在京任，先生遂寓京中。

明年丁巳，先生年二十六岁。边任报紧急，举朝仓皇，推择将才，莫有应者。先生叹曰："武举之设，仅得骑射击刺之士，而不可以收韬略统驭之才。平时不讲将略，欲备仓卒之用，难矣！"

于是留情武事。凡兵家秘书，莫不精研熟讨。每遇宾客宴会，辄聚果核为阵图，指示开阖进退之方。一夕，梦威宁伯王越，解所佩宝剑为赠。既觉，喜曰："吾当效威宁，以斧钺之任，垂功名于竹帛，吾志遂矣！"

上边务八事：曰蓄材以备急，曰舍短以用长，曰简师以省费，曰屯田以足食，曰行法以振威，曰敷恩以激怒，曰捐小以全大，曰严守以乘弊。其言今之大患，在于为大臣者外托慎重老成，而内为固禄希宠之计；为左右者内挟交蟠壅蔽，而外肆招权纳贿之恶。忧时者谓之迂狂，进言者目以浮躁。尤为剀切。

弘治十二年己未，先生中会试第二名，时年二十八岁，廷试二甲，以工部观政进士受命，往浚县督造威宁伯坟。[17]

先生一路不用肩舆，日惟乘马，偶因过山，马惊，先生坠地吐血，从人进轿，先生仍用马。盖以此自习也。

既见威宁子弟，问先大夫用兵之法，其家言之甚悉。先生即以兵法部署造坟之众，凡在役者更番休息，用力少，见功多，工得速完。其家致金帛为谢，先生固辞不受，后乃出一宝剑相赠，曰："此先大夫所佩也。"先生喜其与梦相符，遂受之。

如此，方用世实。

复命之日，值星变，达虏方犯边，朝廷下诏求直言。先生上言边务八策，言极剀切。[18]

明年，授官刑部主事。又明年，奉命审录江北，多所平反，民称不冤。

事毕，遂游九华山，历无相、化城诸寺，到必经宿。时道者蔡蓬头踞坐堂中，衣服敝陋，若颠若狂。先生心知其异人也，以客礼致敬，请问："神仙可学否？"

蔡摇首曰："尚未尚未。"

有顷，先生屏去左右，引至后亭，再拜，复叩问之。

蔡又摇首曰："尚未尚未。"

先生力恳不已，蔡曰："汝自谓拜揖尽礼，我看你一团官相，说甚神仙！"

先生大笑而别。

游至地藏洞，闻山岩之巅有一老道，不知姓名，坐卧松毛，不餐火食。先生欲访之，乃悬崖扳木而上，直至山巅。老道踡足熟睡，先生坐于其傍，以手抚摩其足。久之，老道睡方觉，见先生，惊曰："如此危险，安得至此？"

先生曰："欲与长者论道，不敢辞劳也。"

因备言佛老之要，渐及于儒，曰："周濂溪、程明道是儒者两个好秀才。"又曰："朱考亭是个讲师，只未到最上一乘。"[19]

先生喜其谈论，盘桓不能舍。次日再往访之，其人已徙居他处矣。有诗为证：

路入岩头别有天，
松毛一片自安眠。
高谈已散人何处，
古洞荒凉散冷烟。[20]

弘治十五年，先生至京复命。京中诸名士俱以古文相尚，立为诗文之社，来约先生。先生叹曰："吾焉能以有限精神，作此无益之事乎？"遂告病归余姚，筑室于四明山之阳明洞。

洞在四明山之阳，故曰阳明。山高一万八千丈，周二百一十里,《道经》第九洞天也。为峰二百八十有二,其中峰曰芙蓉峰,有汉隶刻石于上,曰“四明山心”。其右有石窗,四面玲珑如户牖,通日月星辰之光。先生爱其景致,隐居于此,因自号曰“阳明”。[21]

思铁柱宫道者之言,乃行神仙导引之术。月余,觉阳神自能出入,未来之事,便能前知。[22]一日静坐,谓童子曰:“有四位相公来此相访,汝可往五云门迎之。”

童子方出五云门,果遇王思舆等四人,乃先生之友也。[23]童子述先生遣迎之意。四人见先生,问曰:“子何以预知吾等之至?”

先生笑曰:“只是心清。”

四人大惊异。述于朋辈,朋辈惑之。往往有人来叩先生以吉凶之事,先生言多奇中。

忽然悟曰:“此簸弄精神,非正觉也。”

遂绝口不言,思脱离尘网,超然为出世之事。惟祖母岑太夫人与父龙山公在念,不能忘情,展转踌躇,忽又悟曰:“此孝弟一念,生于孩提,此念若可去,断灭种性矣。此吾儒所以辟二氏。”

乃复思三教之中,惟儒为至正,复翻然有用世之志。

明年,迁寓于钱塘之西湖。怎见得西湖景致好处?有《四时望江南词》为证:

时太原乔宇，广信江俊，河南李梦阳、何景明，姑苏顾璘、徐禛卿，山东边贡，泰州储瓘，俱以才名相知，为古诗文。先生一日叹曰：“吾安能以有限精神为无用虚文？”遂告病归，辟阳明洞旧基为书屋，究仙经秘旨。久之，忽能预知。王思裕等四人自云门来访，先生命仆买果肴以候，历语其过涧摘桃花踪迹，四人以为得道。久之，悟曰：“此弄精魂，非道也。”

西湖景，
春日最宜晴。
花底管弦公子宴，
水边罗绮丽人行，
十里按歌声。

西湖景，
夏日正堪游。
金勒马嘶垂柳岸，
红妆人泛采莲舟，
惊起水中鸥。

西湖景，
秋日更宜观。
桂子冈峦金谷富，
芙蓉洲渚彩云间，
爽气满前山。

西湖景，
冬日转清奇。
赏雪楼台评酒价，
观梅园圃订春期，

共醉太平时。[24]

又有林和靖先生《咏西湖》诗一首：

混元神巧本无形，
幻出西湖作画屏。
春水净于僧眼碧，
晚山浓似佛头青。
栾栌粉堵摇鱼影，
兰社烟丛阁鹭翎。
往往鸣榔与横笛，
斜风细雨不须听。[25]

那西湖，又有十景，那十景？

苏堤春晓、
平湖秋月、
曲院风荷、
断桥残雪、
雷峰夕照、
南屏晚钟、
雨峰出云、

三潭印月、

柳浪闻莺、

花港观鱼。

先生寓居西湖，非关贪玩景致。那杭州乃吴越王钱氏及故宋建都之地，名山胜水，古刹幽居，多有异人栖止。先生遍处游览，冀有所遇。

一日，往虎跑泉游玩，闻有禅僧坐关三年，终日闭目静坐，不发一语，不视一物。先生往访，以禅机喝之曰：“这和尚终日口巴巴说甚么？终日眼睁睁看甚么？”

其僧惊起作礼，谓先生曰：“小僧不言不视，已三年于兹。檀越却道口巴巴说甚么，眼睁睁看甚么，此何说也？”

先生曰：“汝何处人？离家几年了？”

僧答曰：“某河南人，离家十余年矣。”

先生曰：“汝家中亲族还有何人？”

僧答曰：“止有一老母，未知存亡。”

先生曰：“还起念否？”

僧答曰：“不能不起念也。”

先生曰：“汝既不能不起念，虽终日不言，心中已自说着；终日不视，心中已自看着了。”

僧猛省，合掌曰：“檀越妙论，更望开示！”

先生曰：“父母天性，岂能断灭？你不能不起念，便是

十七年甲子春，居阳明洞。夏，山东聘主考试，梓文咸出先生手笔。展胸中素蕴，一洗陈言虚套之习，五策举可措诸用，海内传以为式。登泰山，作《泰山高》，有："瞻眺门墙，仿佛室堂。三千之下，许占末行。"[26]

真性发现。虽终日呆坐，徒乱心曲。俗语云：‘爹娘便是灵山佛，不敬爹娘敬甚人？’”[27]

言之未毕，僧不觉大哭起来，曰：“檀越说得极是，小僧明早便归家，省吾老母。”

次日，先生再往访之，寺僧曰：“已五鼓负担还乡矣。”

先生曰：“人性本善，于此僧可验也。”

于是益潜心圣贤之学。

读朱考亭语录，反复玩味，又读其《上宋光宗疏》，有曰：“居敬持志，为读书之本；循序致精，为读书之法。”[28]

掩卷叹曰：“循序致精，渐渍洽浃，使物理与吾心混合无间，方是圣贤得手处。”

于是从事于格物致知。每举一事，旁喻曲晓，必穷究其归，至于尽处。

弘治十七年甲子，山东巡按御史陆偁重先生之名，遣使致聘，迎主本省乡试。先生应聘而往，得穆孔晖为解元，后为名臣。[29]是省全录，皆出先生之手。

其年九月，改兵部武选司主事。先生往京都赴任，谓学者溺于词章记诵之末，不知身心之学为何等，于是首倡讲学之事。闻者兴起，于是从学者众，先生俨然以师道自任。同辈多有议其好名者，惟翰林学士湛甘泉讳若水。深契之，一见定交，终日相与谈论，号为莫逆。[30]

十八年乙丑，甘泉湛公若水为庶吉士，先生一见定交，以倡圣学为志。尝赠甘泉有：“幼不学问，陷溺于邪僻者二十年，而始究心于老、释。赖天之灵，始沿周、程求之，若有得焉。自得友于湛子而后志益坚，毅然若不可遏。”[31]

徐爱，字曰仁，居余姚马堰，娶先生女弟，受学甚蚤。沉潜而笃信，记《传习录》示同志。年三十一以没。尝梦瞿昙拊其背曰：“子与颜子同德，亦与颜子同寿。”

注释

［1］

“须知规矩出方圆”，《王阳明全集》作“须从规矩出方圆”。见《王阳明全集》卷二十《别诸生》，上海古籍出版社，2014年，第872页。按：《靖乱录》所引阳明诗与《王阳明全集》常有微小差异，盖所据版本不同。以下不再出校。

［2］

王华（1446—1522），字德辉，晚号海日翁。关于拾金囊一事，杨一清与陆深均有记录，但与冯梦龙所言稍异。据杨一清《海日先生墓志铭》：六岁，与群儿戏水滨，见一客来濯足，已大醉，去，遗其所提囊。取视之，数十金也。公度其醒必复来，恐人持去，以投水中坐守之。少顷，其人果号而至。公迎谓曰："求尔金邪？"为指其处。其人喜，以一锭为谢，却不受。(《世德纪》,《王阳明全集》卷三十八，第1534页。)又见陆深《海日先生行状》：其人喜跃，以一金谢。先生笑却之曰："不取尔数十金，乃取尔一金乎？"客且惭且谢，随至先生家，无少长咸遍拜而去。(《世德纪》,《王阳明全集》卷三十八，第1545页。)

[3]

竹轩翁即王华的父亲王伦，据魏瀚《竹轩先生传》："先生名伦，字天叙，以字行。性爱竹，所居轩外环植之，日啸咏其间，视纷华势利，泊如也。客有造竹所者，辄指告之曰：'此吾直谅多闻之友，何可一日相舍耶？'学者因称曰竹轩先生。"(《王阳明全集》卷三十八，第1530页。)

[4]

据陆深《海日先生行状》："十四岁时，尝与亲朋数人读书龙泉山寺。寺旧有妖为祟。数人者皆富家子，素豪侠自负，莫之信；又多侵侮寺僧，僧甚苦之。信宿妖作，数人果有伤者。寺僧因复张皇其事，众皆失气，狼狈走归。先生独留居如常，妖亦遂止。僧咸以为异。每夜分，辄众登屋号笑，或瓦石撼卧榻，或乘风雨雷电之夕，奋击门障。僧从壁隙中窥，先生方正襟危坐，神气自若，辄又私相叹异。然益多方试之，技殚，因从容问曰：'向妖为祟，诸人皆被伤，君能独无恐乎？'先生曰：'吾何恐？'僧曰：'诸人去后，君更有所见乎？'先生曰：'吾何见？'僧曰：'此妖但触犯之，无得遂已者，君安得独无所见乎？'先生笑曰：'吾见数沙弥为祟耳。'诸僧相顾色动，疑先生已觉其事，因佯谓曰：'此岂吾寺中亡过诸师兄为祟邪？'先生笑曰：'非亡过诸师兄，乃见在诸师弟耳。'僧曰：'君岂亲见吾侪为之？但臆说耳。'先生曰：'吾虽非亲见，若非尔辈亲为，何以知吾之必有见邪？'寺僧因具言其情，且叹且谢曰：'吾侪实欲以此试君尔。君天人也，异时福德何可量？'至今寺僧犹传其事。"（《世德纪》，《王阳明全集》卷三十八，第1546页。）

[5]

据钱德洪:"海日公夫人郑,妊先生既弥十四月,岑夜梦五色云中,见神人绯袍玉带,鼓吹导前,送儿授岑曰:'与尔为子。'岑辞曰:'吾已有子,吾媳妇事吾孝,愿得佳儿为孙。'神人许之。忽闻啼声,惊寤,起视中庭,耳中金鼓声隐隐归空,犹如梦中。盖成化壬辰九月三十日亥时也。"(《瑞云楼后记》,《徐爱 钱德洪 董澐集》,凤凰出版社,2007年,第170页。)

[6]

黄绾《阳明先生行状》:"六岁不言。一日,有僧过之,摩其顶曰:'有此宁馨儿,却叫坏了。'龙山公悟,改今名,遂言,颖异顿发。"(《王阳明全集》卷三十八,第1554页。)宁馨儿,吴方言,意思是"这样的孩子",有赞美之意。语出《晋书·王衍传》:"何物老妪,生宁馨儿!"

[7]

"蔽月山房",疑为"水月山房",据《金山志》卷四:"水月山房,额在客堂后院地上。"(束景南《阳明佚文辑考编年》,上海古籍出版社,2012年,第13页。)

[8]

《梦中绝句》,《王阳明全集》卷二十,第877页。诗中“云埋铜柱”“六字题文”,据说马援在平定交趾后,在国境立一铜柱,上面题有六字“铜柱折,交趾灭。”《大明一统志》卷九十对此有记载。此诗为阳明破断藤峡前所作,诗前有序,“此予十五岁时梦中所作。今拜伏波祠下,宛如梦中。兹行殆有不偶然者,因识其事于此。”正德十一年丙子(1516),王阳明四十五岁时,升南赣佥都御史以后,有诗:“五月南征想伏波”,“一战功成未足云”。(《喜雨三首》,《王阳明全集》卷二十,第821—822页。)据《铜柱梦》:“阳明先生既受广西田州之命,自言曰:‘吾少时常梦至马伏波庙,题之云:铜柱折,交趾灭,拜表归来白如雪。又梦题诗曰:拜表归来马伏波,早年兵法鬓毛皤。云埋铜柱雷轰折,六字铭文永不磨。不意今有此行。’乃嘉靖四年秋也。逾年,功成而疾亟矣。屡表乞致,不许,遂促归,至南雄府青龙铺水西驿而卒。事闻,上怒,爵阴遂尼至今。梦之验也如此。”(董穀《碧里杂存》,明刻本,第21页。)

[9]

终军(约前133—前112),字子云,西汉济南人。据

《汉书》载："少好学，以辩博能属文闻于郡中，年十八，选为博士弟子。"后请缨出使南越，"军遂往说越王，越王听许，请举国内属"。"越相吕嘉不欲内属，发兵攻杀其王及汉使者，皆死。""军死时年二十余，故世谓之'终童'。"（《汉书》卷六十四下，中华书局，1962年，第2814—2821页。）

［10］

据清毛奇龄："游居庸是偶然事，或意有所在。而行状及年谱皆云：时有石和尚、刘千斤之乱，公欲作疏奏诸朝，请自讨之。公父禁之，乃相度形势，出游居庸。则可笑之甚。按石和尚、刘千斤在成化二年（1466）作乱，越一年，遂平。又越五年至八年，而公始生。是作疏讨贼，皆公前世事也。且公父海日公登成化十七年（1481）进士，此时亦未能有修撰官居早在京邸。又况石、刘之乱，只在河阳、南阳间，与居庸无涉。初不意门人黄绾作行状，德洪作年谱而诞罔无理至于此。"（《王文成传本》卷一，清刻本，第2页。）

［11］

据《铁柱老僧》："阳明先生壮年受室时，以妇翁宦江西，因往焉。一日，独游铁柱观，至一静室中，见一老僧坐，与语相得。僧乃出书一编，授先生而别，且曰：'三十年后再相见。'后平宸濠，入洪都，复往游焉。老僧尚在，以诗遗先生曰：'三十年前曾见君，再来消息我先闻。君于生死轻毫末，谁把纲常任半分？穷海也知钦令德，老天应未丧斯文。东归若到武夷去，千载香灯锁白云。'先生亦有和章，今失记。昔所授编，亦竟不知何书也。"（董穀《碧里杂存》，第20—21页。）据《年谱》，铁柱老僧为一道士："孝宗弘治元年戊申，先生十七岁，在越。七月，亲迎夫人诸氏于洪都。外舅诸公养和为江西布政司参议，先生就官署委禽。合卺之日，隅闲行入铁柱宫，遇道士趺坐一榻，即而叩之，因闻养生之说，遂相与对坐忘归。诸公遣人追之，次早始还。"（《王阳明全集》卷三十三，第1347页。）阳明四十八岁，正德十四年，阳明平宸濠，入南昌，与"三十年后再相见""三十年前曾见君"相符。

[12]

事见《年谱》弘治元年戊申（1488），先生十七岁。《年谱》所记与此有差异："只'不要字好'一念，亦是不敬”一句,《年谱》作“乃知古人随时随事只在心上学,此心精明,字好亦在其中矣”。(《王阳明全集》,第1347—1348页。)按:据《年谱》,此处王阳明是肯定明道先生(程颢,1032—1085)的意思。“某写字时甚敬,非是要字好,只此是学。”见《二程遗书》卷三,《二程集》,中华书局,2004年,第60页。

[13]

如前所记,王阳明十二岁时,惟以为圣贤是人生第一等事。娄谅正是以此接引阳明:“还广信,谒一斋娄先生。异其质,语以所当学,而又期以圣人,为可学而至,遂深契之。”(黄绾《阳明先生行状》,《王阳明全集》卷三十八,第1555页。)娄谅之学,“以收放心为居敬之门,以何思何虑、勿助勿忘为居敬之要”。“文成年十七,亲迎过信,从先生问学,深相契也,则姚江之学,先生为发端也。”(《明儒学案》卷二,《黄宗羲全集》第7册,浙江古籍出版社,2005年,第38页。)娄谅师从吴与弼,吴与弼号康斋,“刻苦奋励,多从五更枕上汗流泪下得来。及夫得之而有以自乐,则又不知足之蹈之、手之舞之。盖七十年如一日,愤乐相生,可谓独得圣贤之心精者”。(《师说》,《黄宗羲全集》第7册,第11页。)吴与弼门下三大弟子：娄谅、胡居仁、陈献章。胡居仁主敬,敬义夹持,为吴与弼守“愤”之门户者;陈献章受学吴与弼后,归家即绝意科举,筑春阳台,数年静坐其中,虽家人罕见其面,虚静中养出端倪,有得于似初春的氤氲一气,由敬畏到洒落,为吴与弼守“乐”之门户者。胡居仁所訾者,亦唯陈献章与娄谅为最,谓两人皆是陷入异教去,但正是陈、娄二人,展开了明代学术的转型。“椎轮为大辂之始,层冰为积水所成,微康斋,焉得有后时之盛哉?”(《明儒学案》卷一,《黄宗羲全集》第7册,第1页。)

[14]

“蘧伯玉年五十,而知四十九年非。”(《淮南子·原道训》。)据《论语·宪问》:“蘧伯玉使人于孔子,孔子与之坐而问焉,曰:‘夫子何为?’对曰:‘夫子欲寡其过而未能也。’”

[15]

据陆深《海日先生行状》:“庚戌正月下旬,竹轩之讣始至,号恸屡绝。即日南奔,葬竹轩于穴湖山,遂庐墓下。墓故虎穴,虎时时群至。先生昼夜哭其傍，若无睹者。久之益驯，或傍庐卧，人畜一不犯，人以为异。”(《世德纪》,《王阳明全集》卷三十八，第1548页。)据此，竹轩翁当卒于浙江家中，龙山公在京得闻讣。

[16]

据《年谱》，王阳明再次落第的原因是才高遭忌：“明年春，会试下第，缙绅知者咸来慰谕。宰相李西涯戏曰：‘汝今岁不第，来科必为状元，试作来科状元赋。’先生悬笔立就。诸老惊曰：‘天才！天才！’退有忌者曰：‘此子取上第，目中无我辈矣。’及丙辰会试，果为忌者所抑。”(《王阳明全集》卷三十三，第1349页。)

[17]

威宁伯指王越，据《王越传》:“王越，字世昌，浚人。长身，多力善射，涉书史，有大略。”“卒于甘州，赠太傅，谥襄敏。越姿表奇伟，议论飚举，久历边陲，身经十余战，知敌情伪及将士勇怯，出奇制胜，动有成算。奖拔士类，笼罩豪俊，用财若流水，以故人乐为用。”(《明史》卷一百七十一，《明史》，中华书局，1974年，第4571—4576页。)

[18]

《陈言边务疏》,《王阳明全集》卷九,第316—322页。

[19]

据《年谱》:"闻地藏洞有异人,坐卧松毛,不火食,历岩险访之。正熟睡,先生坐傍抚其足。有顷醒,惊曰:'路险何得至此!'因论最上乘曰:'周濂溪、程明道是儒家两个好秀才。'后再至,其人已他移,故后有会心人远之叹。"(《王阳明全集》卷三十三,第1351页。)此处所言"朱考亭是个讲师,只未到最上一乘",《年谱》中无此语。据阳明所言:"赖天之灵,因有所觉,始乃沿周、程之说求之,而若有得焉。"(《别湛甘泉序》,《王阳明全集》卷七,第257页。)"朱子所谓'格物'云者,在即物而穷其理也。即物穷理,是就事事物物上求其所谓定理者也。是以吾心而求理于事事物物之中,析'心'与'理'为二矣。""夫析心与理而为二,此告子'义外'之说,孟子之所深辟也。"(《答顾东桥书》,《王阳明全集》卷二,第50—51页。)由此可见,地藏洞异人对于周濂溪、程明道的推崇与阳明是一致的,对于朱子的贬低亦有所据。

[20]

正德十五年（1520），王阳明《重游化城寺二首》之“会心人远空遗洞，识面僧来不记名”，可与此诗相印证。

[21]

据毛奇龄所言：“公晚爱会稽山阳明洞，名因号阳明子。按会稽山即苗山，并无洞壑。凡禹井、禹穴、阳明洞类，只是石罅，并无托足处。旧诬以道人授书洞中，固大妄。今作传者且曰讲学阳明洞，则妄极矣。”（《王文成传本》卷一，第1—2页。）阳明洞是在冯梦龙所讲的四明山，还是在毛奇龄所言的会稽山？由此引发出阳明洞是否属实及阳明之号的问题。

冯梦龙对于四明山的描述多引自梅福《四明山记》，明代戴洵亲自勘验，有《四明辨并诗》（《明文海》卷一百一十三）。据《年谱》，正德八年（1513），王阳明“从上虞入四明，观白水，寻龙谷之源”，遂自宁波还余姚。（《王阳明全集》卷三十三，第1363页。）白水即白水冲，与龙谷均在四明山。据《云笈七签》，道家三十六小洞天中第九为四明山洞，周回一百八十里，名曰丹山赤水天，在越州上余县；第十为会稽山洞，周回三百五十里，名曰阳明洞，在古越州山阴县。(《洞天福地》,《云笈七签》卷二十七，中华书局，2003年，第613页。)道家的阳明洞在会稽山，而非在四明山。

据黄绾《阳明先生行状》，“养病归越，辟阳明书院”(《阳明先生行状》,《王阳明全集》卷三十八，第1556页)，邹守益谓“辟阳明洞旧基为书屋”，黄绾与邹守益均为阳明重要弟子，此言可信度高。禹井、禹穴、阳明洞俱在会稽山，毛奇龄所言“禹井、禹穴、阳明洞只是石罅，并无托足处”，阳明洞的大小并不重要，关键在于王阳明是否在阳明洞附近造书屋、建书院。

陈来先生认为下文提及的五云门为绍兴府的正东门，与山阴为邻的萧山湘湖“去阳明洞方数十里”等证据，足以证明阳明洞在会稽山无疑。(陈来《有无之境：王阳明哲学的精神》，人民出版社，1991年，第369页。)“已卜居萧山之湘湖，去阳明洞方数十里耳。书屋亦将落成，闻之喜极。诚得良友相聚会，共进此道，人间更复有何乐！”(《与王纯甫》,《王阳明全集》卷四，第174页。)此信下注明“壬申”(1512)，距阳明建阳明洞已过去十二年，在此之前，阳明应居于阳明洞的旧基。此处阳明本人所讲是建设书屋，由此更印证了黄绾与邹守益之言。另据王华的门人陆深所言："正德壬申秋，以使事之余，迂道拜先生于龙山里第。扁舟载酒，相与游南镇诸山，乃休于阳明洞天之下，执手命之曰：'此吾儿之志也。大业日远，子必勉之。'"（《海日先生行状》，《王阳明全集》卷三十八，第1554页。）王华与陆深所游阳明洞天应该是新落成的书屋或书院，而真正讲学的盛况则发生在嘉靖癸未（1522）至丁亥（1527）："先生初归越时，朋友踪迹尚寥落，既后，四方来游者日进。癸未年已后，环先生而居者比屋，如天妃、光相诸刹，每当一室，常合食者数十人；夜无卧处，更相就席；歌声彻昏旦。南镇、禹穴、阳明洞诸山远近寺刹，徙足所到，无非同志游寓所在。先生每临讲座，前后左右环坐而听者，常不下数百人，送往迎来，月无虚日；至有在侍更岁，不能遍记其姓名者。"（《传习录下》，《王阳明全集》卷三，第134页。）阳明苦心经营的阳明洞真正发挥作用，也完成了王阳明早年在狱中"幽哉阳明麓，可以忘吾老"（《读易》，《王阳明全集》卷十九，第747页）的夙愿。综上，阳明洞在会稽山，王阳明在阳明洞附近造书屋、建书院，1512年基本建成，至1522年，阳明洞真正发挥了讲学的作用。阳明洞是王阳明的精神寄托，是阳明讲学的重要场所。

另据王阳明《和九柏老仙诗》，署名“弘治辛酉（1501）仲冬望日，阳明山人王守仁识”。游九华在辟阳明洞之前一年，王阳明便有“阳明山人”的称号。（束景南《阳明佚文辑考编年》，上海古籍出版社，2012年，第110页。）王阳明可能很早就心系阳明洞，冯梦龙所讲的因隐居阳明洞而号“阳明”是不准确的。

［22］

据王畿言阳明：“筑洞天精庐，日夕勤修炼习伏藏，洞悉机要，其于彼家所谓见性抱一之旨，非惟通其义，盖已尽得其髓矣。自谓尝于静中，内照形躯如水晶宫，忘己忘物、忘天忘地，与空虚同体，光耀神奇，恍惚变幻，似欲言而忘其所以言，乃真境象也。”（《滁阳会语》，《王畿集》卷二，凤凰出版社，2007年，第33页。）

［23］

王思舆是阳明的早期道友，王思舆名文辕，号黄轝子，山阴人，习静隐居，励志力行，与阳明为莫逆。成化、弘治间，学者守成说，不敢有私议朱子者，故不见信于时，惟阳明与之为友，独破旧说，盖有所本云。及阳明先生领南赣之命，见黄犨子，黄犨子欲试其所得，每撼激之动，语人曰："伯安自此可胜大事矣。盖其平生经世之志，于此见焉。"其后黄犨子殁，阳明方讲良知之学，人多非议之，叹曰："使黄犨子在，于吾言必相契矣。"（见季本《王思舆传》，《季彭山先生文集》，《北京图书馆古籍珍本丛刊》第106册，书目文献出版社，1998年，第896页。）

[24]

出自瞿佑（1347—1433）《西湖四时曲》，瞿佑为钱塘人，字宗吉，号存斋，有《存斋诗集》《剪灯新话》等著作。

[25]

此为林逋所作《西湖》，《林和靖集》卷二，后一句又作"细风斜雨不堪听"。林逋"字君复，钱塘人，隐西湖之孤山，真宗闻其名，诏长吏岁时劳问，和靖其赐谥也。"（《四库提要·林和靖集》。）

[26]

"嗟予瞻眺门墙外，何能仿佛窥室堂？也来攀附摄遗迹，三千之下，不知亦许再拜占末行。”（《泰山高次王内翰司献韵》，《王阳明全集》卷十九，第743页。）

［27］

此处当来自前文阳明在阳明洞中行导引之法时之所悟：“此孝弟一念，生于孩提，此念若可去，断灭种性矣。此吾儒所以辟二氏。”

［28］

出自朱子《行宫便殿奏札二》，《晦庵朱先生文公文集》卷十四。原文为：“此循序致精，所以为读书之法也。”“此居敬持志，所以为读书之本也。”（《朱子全书》第12册，上海古籍出版社、安徽教育出版社，2002年，第669—670页。）

［29］

据《文简穆玄庵先生孔晖》：“穆孔晖字伯潜，号玄庵，山东堂邑人。弘治乙丑进士，由庶吉士除简讨。为刘瑾所恶，调南京礼部主事。瑾败，复官。历司业、侍讲、春坊庶子、学士、太常寺卿。嘉靖己亥八月卒，年八十[illegible]，赠礼部右侍郎，谥文简。阳明主试山东，取先生为第一。”“盖先生学阳明而流于禅，未尝经师门之锻炼，故阳明集中未有问答。”（《明儒学案》卷二十九，《黄宗羲全集》第7册，第739页。）

［30］

王阳明《别湛甘泉序（壬申）》：“晚得友于甘泉湛子，而后吾之志益坚，毅然若不可遏，则予之资于甘泉多矣。”“吾与甘泉友，意之所在，不言而会；论之所及，不约而同；期于斯道，毙而后已者。”（《王阳明全集》卷七，第257—258页。）另据湛若水所记：“正德丙寅，始归正于圣贤之学。会甘泉子于京师，语人曰：‘守仁从宦三十年，未见此人。’甘泉子语人亦曰：‘若水泛观于四方，未见此人。’遂相与定交讲学。”（《阳明先生墓志铭》，《王阳明全集》卷三十八，第1539页。）

［31］

“某幼不问学，陷溺于邪僻者二十年，而始究心于老、释。赖天之灵，因有所觉，始乃沿周、程之说求之，而若有得焉。顾一二同志之外，莫予翼也，岌岌乎仆而后兴。晚得友于甘泉湛子，而后吾之志益坚，毅然若不可遏，则予之资于甘泉多矣。”（《别湛甘泉序》，《王阳明全集》卷七，第258页。）

贰

龙场悟道

正德元年，南京科道官戴铣、薄彦徽等上疏，言：「皇上新政，宜亲君子，远小人，不宜轻斥大臣，任用阉寺。」

弘治十八年，孝宗皇帝宴驾。武宗皇帝初即位，宠任阉人刘瑾等八人，号为八党。那八人？

刘瑾、谷大用、马永成、张永、
魏彬、罗祥、丘聚、高凤。

这八人自幼随侍武宗皇帝，在于东宫游戏，因而用事，刘瑾尤得主心。阁老刘健与台谏合谋去之，机不早断，以致漏泄。刘瑾与其党泣诉于上前，武宗皇帝听其言，反使刘瑾掌司礼监，斥逐刘健，杀忠直内臣王岳。由是权独归瑾，票拟任意，公卿侧目。

正德元年，南京科道官戴铣、薄彦徽等上疏，言："皇上新政，宜亲君子，远小人，不宜轻斥大臣，任用阉寺。"

刘瑾票旨："铣等出言狂妄，纽解来京勘问。"

先生目击时事，满怀忠愤，抗疏救之。略曰：

> 臣闻：君仁则臣直，今铣等以言为责，其言如善，自宜嘉纳；即其未善，亦宜包容，以开忠谠之路。今赫然下令，远事拘囚，在陛下不过少事惩创，非有意怒绝之也。下民无知，妄生疑惧，臣窃惜之！自是而后，虽有上关宗社安危之事，亦将缄口不言矣。伏乞追回前旨，俾铣等仍旧供职，明圣德无我之公，作臣子敢言之气。[1]

疏既入，触瑾怒，票旨下先生于诏狱，廷杖四十。瑾又使心腹人监杖，行杖者加力，先生几死而苏，谪贵州龙场驿驿丞。

是父是子

龙山公时为礼部侍郎，在京，喜曰："吾子得为忠臣，垂名青史，吾愿足矣。"

明年，先生将赴龙场。瑾遣心腹人，一路尾其后，伺察其言动。先生既至杭州，值夏月天暑，先生又积劳致病，乃暂息于胜果寺。[2]妹婿徐曰仁来访，首拜门生听讲，又同

正德元年丙寅，时宦官刘瑾窃权纳贿，南京给事中戴铣等劾之，瑾差官校械锦衣狱。先生抗疏《乞宥言官去权奸以彰圣德》，具言：耳目不可使壅塞，手足不可使痿痹，在廷群臣岂无忧国爱君之心，而莫敢言者，惧以罪。铣等罪之，自今而后，虽有上关宗社危疑不制之事，陛下孰从而闻之？瑾怒，下于狱，矫诏廷杖五十，毙而复苏，谪贵州龙场驿驿丞。

乡徐爱、蔡宗、朱节、冀元亨、蒋信、刘观时等，皆来执贽问道，先生乐之。[3]

居两月余，忽一日午后，方纳凉于廊下，苍头皆出外，有大汉二人矮帽窄衫，如官较[4]状，腰悬刀刃，口吐北音，从外突入，谓先生曰："官人是王主事否？"

先生应曰："然。"

二较曰："某有言相告。"

即引出门外，挟之同行。

先生问："何往？"

二较曰："但前行便知。"

先生方在病中，辞以不能步履。

二较曰："前去亦不远，我等左右相扶可矣。"

先生不得已，任其所之。约行三里许，背后复有二人追逐而至。先生顾其面貌，颇似相熟。

二人曰："官人识我否？我乃胜果寺邻人沈玉、殷计也。素闻官人乃当世贤者，平时不敢请见，适闻有官较挟去，恐不利于官人，特此追至，看官人下落耳。"

二较色变，谓沈、殷二人曰："此朝廷罪人，汝等何得亲近？"

沈、殷二人曰："朝廷已谪其官矣，又何以加罪乎？"

二较扶先生又行，沈、殷亦从之。天色渐黑，至江头一空室中，二较密谓沈、殷二人曰："吾等实奉主人刘公公之命，来杀王公。汝等没相干人，可速去，不必相随也。”

沈玉曰：“王公今之大贤，令其死于刃下，不亦惨乎！且遗尸江口，必累地方，此事决不可行！”

二较曰：“汝言亦是。”

乃于腰间解青索一条，长丈余，授先生曰：“听尔自缢，何如？”

沈玉又曰：“绳上死与刀下死，同一惨也。”

二较大怒，各拔刀在手，厉声曰：“此事不完，我无以复命，亦必死于主人之手！”

殷计曰：“足下不必发怒，令王公夜半自投江中而死，既令全尸，又不累地方，足下亦可以了事归报，岂不妙哉？”

二较相对低语。少顷，乃收刀入鞘，曰：“如此庶几可耳。”

沈玉曰：“王公命尽此夜，吾等且沽酒共饮，使其醉而忘□□。”

二较亦许之，乃锁先生于室中。

先生呼沈、殷二人，曰：“我今夕固必死，当烦一报家人，收吾尸也。”

二人曰：“欲报尊府，必得官人手笔，方可准信。”

先生曰：“吾袖中偶有素纸，奈无笔何？”

二人曰：“吾当丁酒家借之。”

沈玉与一较同往市中沽酒，殷计与一较守先生于门外。少顷，沽酒者已至，一较启门，身边各带有椰瓢，沈玉满斟送先生，不觉泪下。

先生曰："我得罪朝廷，死自吾分，吾不自悲，汝何必为我悲乎？"

引瓢一饮而尽。殷计亦献一瓢，先生复饮之。先生量不甚弘，辞曰："吾不能饮矣。既有高情，幸转进于远客，吾尚欲作家信也。"

沈玉以笔授先生，先生出纸于袖中，援笔写诗一首，诗曰：

学道无成岁月虚，
天乎至此欲何如。
生曾许国惭无补，
死不忘亲恨有余。
自信孤忠悬日月，
岂论遗骨葬江鱼？
百年臣子悲何极，
日夜潮声泣子胥。[5]

先生吟兴未已，再作一：

敢将世道一身担，

显被生刑万死甘。
满腹文章宁有用，
百年臣子独无惭。
涓流裨海今真见，
片雪填沟旧齿谈。
昔代衣冠谁上品？
状元门第好奇男。

二诗之后，尚有绝命辞。甚长，不录。纸后作篆书十字云：

阳明已入水，沈玉、殷计报。

二较本不通文理，但见先生手不停挥，相顾惊叹，以为天才。先生且写且吟，四人互相酬劝，各各酩酊。将及夜半，云月朦胧，二较带着酒兴，逼先生投水。先生先向二较谢其全尸之德，然后径造江岸，回顾沈、殷二人曰：“必报我家，必报我家。”

以且写且吟劝酒，饮者不得不醉矣。

言讫，从沙泥中步下江来。二较一来多了几分酒，二来江滩潮湿，不便相从。乃立岸上，远而望之，似闻有物堕水之声，谓先生已投江矣。一晌之后，寂然无声。立了多时，放心不下，遂步步挣下滩来，见滩上脱有云履一双，又有纱巾浮于水面，曰："王主事果死矣。"

欲取二物以去。

沈玉尽通。何处无义士。

沈玉曰："留一物在，使来早行人人见之，知王公堕水。传说至京都，亦可作汝等证见也。"

二较曰："言之有理。"

遂弃履，只捞纱巾带去，各自分别。

至是夜，苍头回胜果寺，不见先生，问之主僧，亦云不知。乃连夜提了行灯，各处去找寻了一回，不见一些影响。其年丁卯，乃是乡试之年，先生之弟守文在省应试，仆人往报守文。守文言于官，命公差押本寺僧四出寻访，恰遇沈、殷二人亦来寻守文报信。守文接了绝命词及二诗，认得果其兄亲笔，痛哭了一场。未几，又有人拾得江边二履报官。官以履付守文，众人轰传，以为先生真溺死矣。守文送信家中，合家惊惨，自不必说。

孔子于颜回，师信其弟；徐爱于阳明，弟信其师。

龙山公遣人到江边遗履之处，命渔舟捞尸，数日无所得。门人闻者无不悼惜，惟徐爱言先生必不死，曰："天生阳明，倡千古之绝学，岂如是而已耶？"

却说先生果然不曾投水，他算定江滩是个绝地，没处走脱，二较必然放心。他有酒之人，怎走得这软滩？以此独步下来，脱下双履，留做证见，又将纱巾抛弃水面，却取石块向江心抛去。黄昏之后，远观不甚分明，但闻扑通声响，不知真假，便认做了事。不但二较不知，连沈玉、殷计亦不知其未死也。

先生却沿江滩而去，度其已远，藏身于岸坎之下。次日，趁个小船，船子怜其无履，以草履赠之。七日之后，已达江西广信府。行至铅山县，其夜复搭一船。一日夜，到一个去处，登岸问之，乃是福建北界矣。舟行之速，疑亦非人力所及。巡海兵船见先生状貌不似商贾，疑而拘之。

先生曰："我乃兵部主事王守仁也。因得罪朝廷受廷杖，贬为贵州龙场驿驿丞。自念罪重，欲自引决，投身于钱塘江中，遇一异物，鱼头人身，自称巡江使者，言奉龙王之命，前来相迎。我随至龙宫，龙王降阶迎接，言我异日前程尚远，命不当死，以酒食相待，即遣前使者送我出江，仓卒之中，附一舟至此，送我登岸，舟亦不见矣。不知此处离钱塘有多少程途？我自江中至此，才一日夜耳。"

对小人讲，不托之神，无以起其敬畏。

兵士异其言，亦以酒食款之，即驰一人往报有司。先生恐事涉官府，不能脱身，捉空潜遁，从山径无人之处狂奔三十余里，至一古寺。天已昏黑，乃叩寺投宿。寺僧设有禁约，不留夜客歇宿。寺傍有野庙久废，虎穴其中。行客不知，误宿此庙，遭虎所啖。次早，寺僧取其行囊自利，以为常事。先生既不得入寺，乃就宿野庙之中，饥疲已甚，于神案下熟寝。夜半，群虎绕庙环行，大吼，无敢入者，天明寂然。寺僧闻虎声，以为夜来借宿之客已厌虎腹，相与入庙，欲简其囊。先生梦尚未醒，僧疑为死人，以杖微击其足，先生蹶然而起。

僧大惊曰："公非常人也！不然，岂有入虎穴而不伤者乎？"

先生茫然不知，问："虎穴安在？"

僧答曰："即此神座下是矣。"

僧心中惊异，反邀先生过寺朝餐。

餐毕，先生偶至殿后，先有一老道者打坐，见先生来，即起相讶曰："贵人还识无为道者否？"

先生视之，乃铁柱宫所见之道者，容貌俨然如昨，不差毫发。

道者曰："前约二十年后相见于海上，不欺公也。"

先生甚喜，如他乡遇故知矣。因与对坐，问曰："我今与逆瑾为难，幸脱余生。将隐姓潜名，为避世之计。不知何处可以相容？望乞指教。"

道者曰："汝不有亲在乎？万一有人言汝不死，逆瑾怒，逮尔父，诬以北走胡，南走越，何以自明？汝进退两无据矣。"

因出一书示先生，乃预写就者。诗曰：

二十年前已识君，

正德二年丁卯春，先生以被罪未敢归家，留寓钱塘胜果寺养病。瑾怒未得逞，遣四人谋致之死。一旦，挟先生至山顶，吐实曰："我辈观公动止，何忍加害？公必有良策，使我得反报。"先生曰："吾欲遁世久矣。明日吊我于江之滨。"夜留题于壁，从间道登海舟。从者求弗得，与乡人沿哭于江。海舟，绍兴采柴者，往返如期。是夜，飘入闽中，备海兵捕之，微服奔岸，乞食于僧寺。

今来消息我先闻。
君将性命轻毫发，
谁把纲常重一分？
寰海已知夸令德，
皇天终不丧斯文。
英雄自古多磨折，
好拂青萍建大勋。

先生服其言，且感其意，乃决意赴谪。索笔，题一绝于殿壁。诗曰：

险夷原不滞胸中，
何异浮云过太空！
夜静海涛三万里，
月明飞锡下天风。[6]

先生辞道者，欲行。道者曰："吾知汝行资困矣。"乃于囊中出银一锭为赠。[7]

先生得此盘缠，乃从间道游武夷山，出铅山，过上饶，复晤娄一斋。

一斋人惊曰："先闻汝溺于江，后又传有神人相救，正未知虚实。今日得相遇，乃是斯文有幸！"

先是，余姚诸公养和为江西参议，先生就婚贰室，尝遇一道士于玄妙观，约二十年后再见海上。至是僧延入寺，道士迎笑曰：“候此久矣！”出诗以赠，有“二十年前曾见君，今来消息我先闻”之句。先生告以将远遁。曰：“尔有亲在，万一瑾怒，追尔父，诬尔北走胡，南走越，则族且赤矣。”先生瞿然，乃相与斋戒揲蓍，得箕子之《明夷》，遂决策从上饶以归。[8]

先生曰："某幸而不死，将往谪所，但恨未及一见老父之面，恐彼忧疑成病，以此介介耳。"

娄公曰："逆瑾迁怒于尊大人，已改官南京宗伯矣。此去归途便道，可一见也。"

先生大喜。娄公留先生一宿，助以路费数金。

先生径往南京，省觐龙山公。父子相见，出自意外，如枯木再花，不胜之喜。居数日，不敢久留，即辞往贵州，赴龙场驿驿丞之任。携有仆从三人，始成行李模样。[9]

龙场地在贵州之西北，宣慰司所属，万山丛棘中，蛇虺成堆，魍魉昼见，瘴疠蛊毒，苦不可言。夷人语言，又皆鸩舌难辩。居无宫室，惟累土为窟，寝息其中而已。夷俗尊事蛊神，有中土人至，往往杀之以祀神，谓之祈福。

先生初至，夷人欲谋杀先生，卜之于神，不吉。夜梦神人，告曰："此中土圣贤也。汝辈当小心敬事，听其教训。"

一夕而同梦者数人，明旦转相告语。于是有中土往年亡命之徒能通夷语者，夷人央之通语于先生，日贡食物，亲近欢爱如骨肉。

龙场之谪，先生之不幸，贵州之大幸也。

先生乃教之范木为墼，音激。架木为梁，刈草为盖，建立屋宇。人皆效之，于是一方有栖息之所。夷人又以先生所居湫隘卑湿，别为之伐木构室，宽大其制。于是有寅宾

三年戊辰四月，萍乡谒濂溪祠，游岳麓，得霁，作《吊屈平赋》，泛沅湘，道常德、辰州以入龙场。诸生冀元亨等谒先生讲学，及归，复留虎溪龙兴寺。尝贻书诸生曰：近世士大夫亦知求道，而实德未成，先标榜以来谤，宜刊落声华，于切己处着实用力。前所云静坐，非欲坐禅入定，因平日为事物纷拏，欲以此补小学收放心一段工夫。[10]

堂、何陋轩、君子亭、玩易窝，统名曰龙冈书院。翳之以桧竹，莳之以卉药。先生日夕吟讽其中，渐与夷语相习，乃教之以礼义孝悌，亦多有他处夷人特来听讲，先生息心开导，略无倦怠之色。

久之，得家信，言逆瑾闻先生不死，且闻父子相会于南都，益大恚忌，矫旨，勒龙山公致仕还乡。

先生曰："瑾怒尚未解也。得失荣辱，皆可付于度外。惟生死一念，自省未能超脱。"

乃于居后凿石为椁，昼夜端坐其中，胸中洒然，若将终身，夷狄、患难俱忘之矣。[11]

仆人不堪其忧，每每患病，先生辄宽解之。又或歌诗制曲，相与谐笑，以适其意。因思："设使古圣人当此，必有进于此者，吾今终未能免'排遣'二字，吾于格致工夫未到也。"

忽一夕，梦谒孟夫子。孟夫子下阶迎之，先生鞠躬请教。孟夫子为讲"良知"一章，[12]千言万语，指证亲切，梦中不觉叫呼，仆从伴睡者俱惊醒。自是，胸中始豁然大悟。叹曰："圣贤左右逢源，只取用此'良知'二字。所谓格物，格此者也；所谓致知，致此者也。不思而得，得甚么？不勉而中，中甚么？总不出此良知而已。惟其为良知，所以得不由思，中不由勉。若舍本性自然之知，而纷逐于闻见，纵然想得着，做得来，亦如取水于支流，终未达于江海，不过

龙场，古夷蔡之外。先生至，无可居。茇于丛棘，继迁东峰，就石穴。从者俱病，自折薪取水为糜以调之。夷人卜蛊神进毒，神曰："天人也，彼不害尔，尔何为害彼？"乃相率罗拜。先生和易诱谕之，遂伐木架屋，作寅宾堂[13]、何陋轩、君子亭、玩易窝，为终身计。诸生闻之，皆亦来集。稍暇，作《五经臆说》，体验探求，一夕如神启，悟致知格物之旨，证诸六经四子，沛然若决江河。

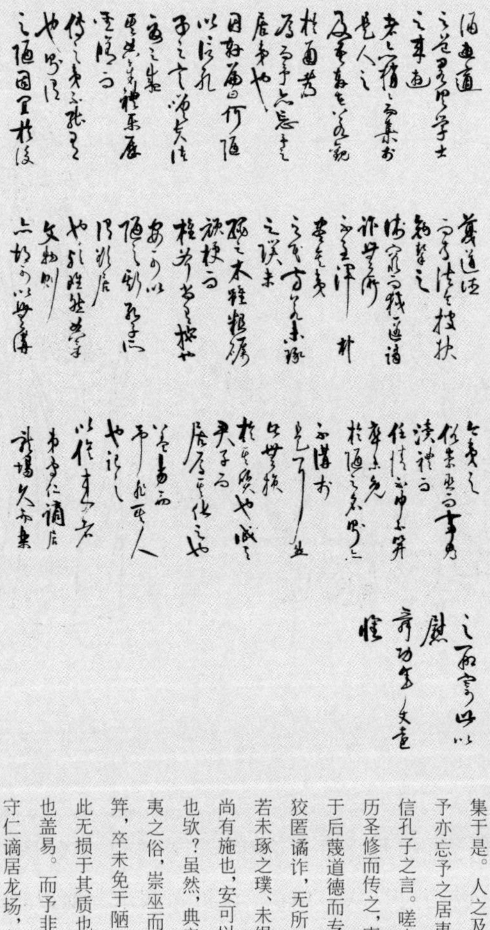

诵游适之道略具。学士之来游者，小稍稍而集于是。人之及吾轩者，若观于通都焉，而予亦忘予之居夷也。因轩扁曰「何陋」，以信孔子之言。嗟夫！诸夏之盛，其典章礼乐，历圣修而传之，夷不能有也，则谓之陋固宜。于后蔑道德而专法令，搜抉钩摰之术穷，而狡匿谲诈，无所不至，浑朴尽矣。夷之民方若未琢之璞、未绳之木，虽粗砺顽梗，而椎斧尚有施也，安可以陋之？斯孔子所谓「欲居」也欤？虽然，典章文物则亦胡可以无讲？今夷之俗，崇巫而事鬼，渎礼而任情，不中不笄，卒未免于陋之名，则亦不讲于是耳。然此无损于其质也。诚有君子而居焉，其化之也盖易。而予非其人也，记之以俟来者。弟守仁谪居龙场，久而乐之，聊寄此以慰舜功年丈远怀。

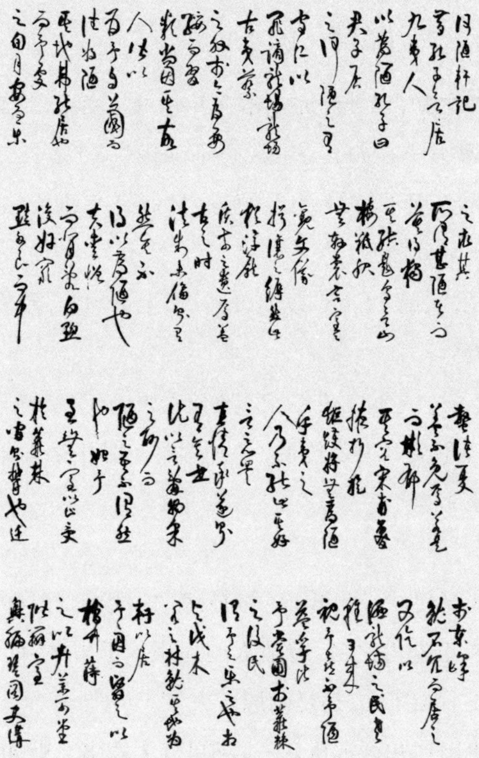

何陋轩记

昔孔子欲居九夷，人以为陋。孔子曰：「君子居之，何陋之有？」守仁以罪谪龙场。龙场，古夷蔡之外，于今为要绥，而习类尚因其故。人皆以为予自上国而往，将陋其地，弗能居也。而予处之旬月，安而乐之，求其所谓甚陋者而莫得。独其结题鸟言，山棲羝服，无轩裳宫室之观、文仪揖让之缛。然此犹淳庞质素之遗焉。盖古之时，法制未备，则有然矣，不得以为陋也。夫爱憎面背，乱白黝，浚奸穷黠，外良而中螫，诸夏盖不免焉。若是而彬郁其容，宋甫鲁掖，折旋矩矱，将无为陋乎？夷之人乃不能此，其好言恶詈，直情率遂，则有矣。世徒以言辞物采之眇而陋之，吾不谓然也。始予至，无室以止，处于丛棘之间，则郁也。迁于东峰，就石穴而居之，又阴以湿。龙场之民，老稚日来，视予喜，不予陋，益孚比。予尝圃于丛棘之后，民谓予之乐之也，相与伐木阁之材，就其地为轩以居予。予因而翳之以桧竹，莳之以卉药；列堂阶，辨室奥；编琴图史，讲一事一物之知，而非原原本本之知。试之变化，终有窒碍，不由我做主。必如孔子‘从心不踰矩’，方是良知满用。故曰：‘无入而不自得焉。’如是，又何有穷通荣辱死生之见得以参其间哉？”[14]

于是，默记“五经”以自证其旨，无不吻合，因著《五经臆说》。[15]

水西安宣慰闻先生之名，遣使馈米肉，又馈鞍马金帛，先生俱辞不受。夷人传说，益加敬礼。时正德三年，先生三十七岁事也。

明年癸巳[16]，贵州提学副使席书，号元山，亦究心于理学。素重先生之名，特遣人迎先生入于省城，叩以：“致知力行是一层工夫，还是两层工夫？”

先生曰：“知行本自合一，不可分为两事。就如称其人知孝知弟，必是已行过孝弟之事，方许能知。又如知痛，必然已自痛了；知寒，必然已自寒了。知是行的主意，行是知的工夫。古人只为世人贸贸然胡乱行去，所以先说个知，不是画知行为二也。若不能行，仍是不知。”[17]

席公大服，乃建立贵阳书院，身率合省诸生以师礼事之，有暇即来听讲。先生乃大畅良知之说。

正德五年，安化王寘鐇反，以诛刘瑾为名。朝廷遣都

五年庚午，先生自宜春，以三月至庐陵。谕父老子弟以诚信相处，凡诉者周悉区画，俾咸得其平。督庠序，以崇正学，选教读以教童稚。暇则练民壮，亲肄以技艺。民病疫，命医携药户疗之。邑南左隅及钟楼前两遇火，亲临拜以祷，反风而灭。

御史杨一清、太监张永率师讨之，未至，而寘鐇已为指挥使仇钺用谋擒缚。一清因献俘，阴劝张永以瑾恶密奏，永从之。武宗皇帝听张永之言，族瑾家，并诛其党张文冕等。凡因瑾得官者尽皆罢斥，召复直谏诸臣，先生得升庐陵县知县。临行之际，缙绅士民送者数千人，俱依依不舍。过常德、辰州，一路讲学，从游者甚众。有《睡起写怀》诗为证：

红日熙熙春睡醒，
江云飞尽楚山青。
闲观物态皆生意，
静悟天机入窅冥。
道在险夷随地乐，
心忘鱼鸟自流形。
未须更觅羲皇事，
一曲沧浪击壤听。[18]

先生时年三十九岁。

如此邑令，地方幸矣，朝廷积谷助饷将何从出？呜呼！此今日所以无贤令也。

既至庐陵，为政不事刑威，惟以开导人心为本。慎选里正三老，坐申明亭，凡来讼者，使之委曲劝谕。百姓有盛气而来，涕泣而归者。由是囹圄日清，风俗大变。[19]

城中失火，先生公服下拜，天为之反风。乃令城市各辟火巷，火患永绝。

是冬，入觐，馆于大兴隆寺，与湛甘泉、储柴墟讳巏。等讲致良知之旨。进士黄宗贤等闻其说而叹服，遂执贽称门生听讲。

十二月，升南京刑部主事。湛甘泉恐废讲聚，言于冢宰杨一清。明年正月，即调北京吏部验封司主事。时有吏部郎中方叔贤讳献夫，位在先生之上，闻先生论学有契，遂下拜，事以师礼。先生赠以诗云：

休论寂寂与惺惺，
不妄由来即性情。
却笑殷勤诸老子，
翻从知见觅虚灵。[20]

是年十月，升文选司员外。明年三月，升考功司郎中。弟子益进，如穆孔晖、冀元亨、顾应祥、郑一初、王道、梁谷、万潮、陈鼎、魏廷霖、萧鸣凤、林达、黄绾、应良，皆一时之表表者，余人不可尽述。徐爱等亦至京师，一同受业。

先生尝言："格物是诚意的工夫，明善是诚身的功夫，穷理是尽性的功夫，道问学是尊德性的功夫，博文是约礼的功夫，惟精是惟一的功夫。”[21]

良知一以贯之，正此谓也

诸如此类，乍闻之，亦自骇然。其后思之既久，转觉亲切不可移动。

十二月，升南京太仆寺少卿，驻扎滁州，专督马政，便道归省。未几，至滁州。门人从者颇众。地僻官闲，日与门人游遨琅琊山在州城。瀼泉即六一泉。之间。月夕，则环龙潭在龙蟠山。而坐者数百人，歌声振谷。诸生随地请益，先生就眼前点化，各有所得。[22]于是，从游益盛。[23]

正德九年四月，升南京鸿胪寺卿。滁阳诸友送至江浦，不忍言别，遂各赁居，候先生渡江。先生以诗促之使归，诗曰：

滁之水，
入江流，
江潮日复来滁州。
相思若潮水，
来往何时休？
空相思，
亦何益？
欲慰相思情，
不如崇令德。

九年甲戌夏，升南京鸿胪寺卿。弟守文来学，作《立志说》。[24]门人季本、薛侃、黄宗明、马明衡、周绩、陆澄、刘晓、郭庆、栾惠等，讲学日众。

掘地见泉水，
随处无弗得；
何必驱驰为？
千里远相即。
君不见尧羹与舜墙，
又不见孔与跖对面不相识？
逆旅主人多殷勤，
出门转盼成路人。[25]

五月，至南京，徐爱等相从，又有黄宗明、薛侃、陆澄、季本、萧惠、饶文璧、朱虎[26]等二十余人，一同受业。

注释

[1]

《乞宥言官去权奸以章圣德疏(正德元年，时官兵部主事)》,《王阳明全集》卷九，第323—324页。疏中并未提刘瑾，但“去权奸”似指刘瑾而言。据杨一清《海日先生墓志铭》:“明年改元，丙寅，瑾贼窃柄，士夫侧足立，争奔走其门，求免祸。公独不往。瑾衔之。时伯安为兵部主事，疏瑾罪恶。瑾矫诏执之，几毙廷杖，窜南荒以去。瑾复移怒于公。”(《王阳明全集》卷三十八，第1535页。)王世贞考辨说:“当时王公止是救南京给事中戴铣等，初与瑾无深仇，何必作此狡狯?”“《双溪杂记》言：王伯安奏刘瑾，被挞几死，谪龙场驿丞，以此名闻天下。杨文襄公作《王海日公华墓志铭》，其说亦同而加详。考之国史与《王文成公年谱》《行状》《文集》，止是救南京给事中戴铣等忤刘瑾，下狱杖谪，本无所谓劾瑾也。夫以杨文襄之在吏部，用文成为属，王恭襄之在本兵，与文成若一人，而卤莽乃尔，安在其为野史家乘耶？”（王世贞《史乘考误八》，《弇山堂别集》卷二十七，中华书局，1985年，第480—481页。）

[2]

王阳明先是在静慈寺（净慈寺），后移居胜果寺。据《卧病静慈写怀》：“卧病空山春复夏，山中幽事最能知。雨晴阶下泉声急，夜静松间月色迟。把卷有时眠白石，解缨随意濯清漪。吴山越峤俱堪老，正奈燕云系远思！”《移居胜果寺二首》有云：“半空虚阁有云住，六月深松无暑来。病肺正思移枕簟，洗心兼得远尘埃。”“病余岩阁坐朝曛，异景相新得未闻。”（《王阳明全集》卷十九，第756—757页。）

[3]

日本翻刻本此处有眉批：“曰仁即徐爱字，此为二人者，误矣。”

冯梦龙此段话存疑有三：其一，徐爱即徐曰仁，为阳明妹婿；其二，蔡宗应为蔡宗兖；其三，冀元亨、蒋信、刘观时并非至浙江问学。

徐爱（1487—1517），字曰仁，号横山，余姚横河马堰人，正德二年，在山阴师从阳明。蔡宗兖（1474—1549），字希渊（颜），号我斋，山阴白洋人。“时闻先师倡道阳明山中，乃偕守忠往受业焉。因与余姚徐君曰仁为三友，刊落繁芜，学务归一。”（《奉议大夫按察司提学佥事蔡公墓志铭》，《季彭山先生文集》，《北京图书馆古籍珍本丛刊》第106册，第890页。）朱节，字守忠（中），号白浦，浙江山阴人。据王阳明《别三子序（丁卯）》，“盖自近年而又得蔡希颜、朱守忠于山阴之白洋，得徐曰仁于余姚之马堰。曰仁，予妹婿也。希颜之深潜，守中之明敏，曰仁之温恭，皆予所不逮。”（《王阳明全集》卷七，第252页。）另据《明儒学案》，“正德丁卯（1507），徐横山、蔡我斋、朱白浦三先生举于乡，别文成而北”。“盖三先生皆以丁卯来学，文成之弟子未之或先者也。癸酉（1513），三先生从文成游四明山。我斋自永乐寺返，白浦自妲溪返，横山则同入雪窦，春风沂水之乐，真一时之盛事也。横山为弟子之首，遂以两先生次之。”（《提学蔡我斋先生宗兖、御史朱白浦先生节》,《明儒学案》卷十一,第252页。)

冀元亨、蒋信、刘观时皆属楚中王门,三人并非于杭州从学阳明。据《明儒学案》,楚中王门"道林、闇斋、刘观时出自武陵,故武陵之及门,独冠全楚。观徐曰仁《同游德山诗》,王文鸣应奎、胡珊鸣玉、刘瓛德重、杨初介诚、何凤韶汝谐、唐演汝渊、龙起霄正之,尚可考也。然道林实得阳明之传。"(《楚中王门学案》,《明儒学案》卷二十八,《黄宗羲全集》第7册,第727页。)考徐爱《同游德山诗序》:"正德乙亥(1515)春正月壬午,与予同游德山者十有四人。杜世荣仁夫则浙人,余皆武陵人士也。"(《横山遗集》卷上,《徐爱 钱德洪 董澐集》,凤凰出版社,2007年,第66页。)据此,楚中学者大规模的从学阳明在正德十年乙亥。

"冀元亨,字惟乾,号闇斋,楚之武陵人。阳明谪龙场,先生与蒋道林往师焉。从之庐陵,逾年而归。"(《孝廉冀闇斋先生元亨》,《楚中王门学案》,《明儒学案》卷二十八,《黄宗羲全集》第7册,第737页。)"阳明在龙场,见先生之诗而称之,先生遂与闇斋师事焉。"(《佥宪蒋道林先生信》,《楚中王门学案》,《明儒学案》卷二十八,《黄宗羲全集》第7

册，第729页。）据赴谪诗（正德丁卯，即1507年），《广信元夕蒋太守舟中夜话》（《王阳明全集》卷十九，第758页），阳明赴龙场之前已与蒋信相识。

[4]

“较”，通“校”。

[5]

王世贞录此诗及其事：“寓杭州胜果寺。一夕，梦使者持书二缄付伯安，启之，一书‘沧浪之水清兮，可以濯我缨。伍员名。’一画水上覆一舟，后题‘屈平’，止二字。既觉，越三日，昼见二军校至，有旨：‘赐汝溺，不可缓。’窘迫之，伯安恳告校曰：‘少间须臾，留诗于世，以俟命绝。’乃以纸展几上，题一律云：‘学道无成岁月虚，天乎至此复何如。身曾许国生无补，死不忘亲痛有余。自信孤忠悬日月，岂知余骨葬江鱼？百年臣子悲何极，日夜潮声泣子胥。’更有《告终词》一篇，不及录。书罢，为二校面缚，挟至江边投之。伯安初入水，即得物负之，不能沉，漂荡凡七昼夜，所见如画中。伯安惊慌，莫知所之。舟偶及岸，见一老人率四卒来，云：‘汝何致此狼狈？吾当为汝解缚登岸。’伯安拜谢，因问老人曰：'此当何处？'老人曰：'福建界也。'伯安告曰：'愿公护某至彼。'老人曰：'此去福建尚远，不能猝达，当送君往广信。'乃命四卒共往，舁之去如飞，不半日已抵广信矣。老人复在彼，率诣僧寺，僧闻其名，延款甚恭。伯安问僧曰：'老人在何处？请来同坐。'又谓僧曰：'我馁甚，乞饭少许。'且嘱先饭四卒。僧觅之，皆不见。询僧：'自岸至此，为程几何？'僧曰：'千里。'曰：'自辰及午，迅速若是，信为神祐也。'食罢，僧达郡邑，皆馆谷之。即移文浙省，差人迎候，恍惚若梦寐中。人谓伯安志慕神仙，故堕此福地也。""异人所赠诗，后六句予能记之，云：'君将性命轻毫发，谁把纲常重昆仑？寰海已知夸令德，皇天终不丧斯文。武夷山下经行处，好把椒浆荐夕曛。'疑亦王公所托言也。"(《史乘考误八》,《弇山堂别集》卷二十七，第479—480页。)

[6]

《泛海》,《王阳明全集》卷十九，第757页。诗中藏有"明""夷",或与道士卜《明夷》卦有关。

[7]

关于阳明赴谪途中的传奇，毛奇龄则予以否决，认为王阳明"时径之龙场，而谱状乃尽情诳诞，举凡遇仙遇佛，无可乘间摭入者，皆举而摭之。于此二十年前、三十年后，开关闭关，随意胡乱。亦思行文说事，俱有理路。浙江一带水与福建武夷、江西鄱阳俱隔仙霞、常玉诸岭峤，而岭表车筏尤且更番叠换，并非身跨鱼鳖可泛泛而至其地者。即浙可通海，然断无越温、台、鄞、鄮，不驾商舶得由海入闽之理。且阳明亦人耳，能出游魂，附鬼伥，朝游丹山，暮飞铁柱，何荒唐也！"(《王文成传本》卷一，第4页。)毛奇龄是从现实的情况出发，进而否定阳明传说的种种奇异之处。

赴谪途中的传奇，可能是王阳明为摆脱刘瑾追杀所使用的计谋，据其好友湛若水回忆：人或告曰："阳明公至浙，沉于江矣，至福建始起矣。登鼓山之诗曰：'海上曾为沧水使，山中又拜武夷君。'有征矣。"甘泉子闻之，笑曰："此佯狂避世也。"故为之作诗，有云："佯狂欲浮海，说梦痴人前。"及后数年，会于滁，乃吐实。彼夸虚执有以为神奇者，乌足以知公者哉？(《阳明先生墓志铭》,《王阳明全集》卷三十八，第1504页。)由此可见，沉江、浮海之说可能确实肇始于阳明本人，以此摆脱刘瑾的追杀。冈田武彦总结为："王阳明为了从刺客手中逃脱，曾假装跳钱塘江自杀，并隐匿在家乡附近的一座山中，后瞅准时机，经过广信府，前往龙场。”（《王阳明大传：知行合一的心学智慧》，重庆出版社，2015年，第232页。）

另据《玉山东岳庙遇旧识严星士》，“行藏无用君平卜，请看沙边鸥鹭群”（《王阳明全集》卷十九，第758页），以及藏有《明夷》卦的《泛海》诗等，透露出神奇荒诞背后的某些事实依据。总之，赴谪途中的传奇既不可尽信，亦不可像毛奇龄那样一概否决。

[8]

冯梦龙与邹守益均提到和尚视虎穴，道士久候。黄绾则将和尚与道士合为一人，并未提及二十年南昌道士事：“瑾怒未释。公行至钱塘，度或不免，乃托为投江，潜入武夷山中，决意远遁。夜至一山庵投宿，不纳。行半里许，见一古庙，遂据香案卧。黎明，道士特往视之，方熟睡。乃推醒曰：‘此虎狼穴也，何得无恙？’因诘公出处，公乃吐实。道士曰：‘如公所志，将来必有赤族之祸。’公问：‘何以至此？’道士曰：‘公既有名朝野，若果由此匿迹，将来之徒假名以鼓舞人心，朝廷寻究汝家，岂不致赤族之祸？’公深然其言。”（黄绾《阳明先生行状》，《王阳明全集》卷三十八，第1556—1557页。）

[9]

按冯梦龙所言，王阳明赴龙场路线依次为：北京、杭州、广信、铅山、福建北、武夷山、铅山、上饶、南京、龙场。

黄绾《阳明先生行状》，“公行至钱塘，度或不免，乃托为投江，潜入武夷山中，决意远遁”。“尝有诗云：‘海上曾为沧水使，山中又拜武夷君。’遂由武夷至广信，溯彭蠡，历沅、湘，至龙场。”（《王阳明全集》卷三十八，第1556—1557页。）“海上曾为沧水使，山中又拜武夷君。”又作“海上真为沧水使，山中又遇武夷君”。（《王阳明全集》卷十九，第757页。）按此，王阳明赴龙场路线为：北京、钱塘、武夷山、广信、彭蠡、沅江、湘江、龙场。

据《年谱》：“先生至钱塘，瑾遣人随侦。先生度不免，乃托言投江以脱之。因附商船游舟山，偶遇飓风大作，一日夜至闽界。比登岸，奔山径数十里，夜扣一寺求宿，僧故不纳。趋野庙，倚香案卧，盖虎穴也。夜半，虎绕廊大吼，不敢入。黎明，僧意必毙于虎，将收其囊；见先生方熟睡，呼始醒，惊曰：‘公非常人也！不然，得无恙乎？’邀至寺。寺有异人，尝识于铁柱宫，约二十年相见海上；至是出诗，有‘二十年前曾见君，今来消息我先闻’之句。与论出处，且将远遁。其人曰：‘汝有亲在，万一瑾怒，逮尔父，诬以北走胡，南走粤，何以应之？’因为蓍，得《明夷》，遂决策返。先生题诗壁间曰：‘险夷原不滞胸中，何异浮云过太空。夜静海涛三万里，月明飞锡下天风。’因取间道，由武夷而归。时龙山公官南京吏部尚书，从鄱阳往省。十二月返钱塘，赴龙场驿。”（《王阳明全集》卷三十三，第1353—1354页。）按此，王阳明赴龙场路线为：北京、钱塘、福建、武夷山、鄱阳、南京、钱塘、龙场。

据王阳明《咎言》：“正德丙寅冬十一月，守仁以罪下锦衣狱。”（《王阳明全集》卷十九，第732页。）王阳明下锦衣狱出狱后，赴谪诗次序如下：《赴谪次北新关喜见诸弟》《卧病静慈写怀》《移居胜果寺二首》《泛海》《武夷次壁间韵》《草萍驿次林见素韵奉寄》《玉山东岳庙遇旧识严星士》《广信元夕蒋太守舟中夜话》《夜泊石亭寺用韵呈陈娄诸公因寄储柴墟都宪及乔白岩太常诸友》《过分宜望钤冈庙》《袁州府宜春台四绝》《萍乡道中谒濂溪祠》

《宿萍乡武云观》《醴陵道中风雨夜宿泗州寺次韵》《长沙答周生》《陟湘于迈岳麓是尊仰止先哲因怀友生丽泽兴感伐木寄言二首》《游岳麓书事》("醴陵西来涉湘水,信宿江城沮风雨。")《天心湖阻泊既济书事》("挂席下长沙,瞬息百余里。舟人共扬眉,予独忧其驶。日暮入沅江,抵石舟果圮。")(《王阳明全集》卷十九,第756—765页。)由《广信元夕蒋太守舟中夜话》可知,至广信时值正月十五,后续赴谪路线应发生在丁卯,依次为江西分宜、宜春、萍乡,湖南醴陵、长沙、沅江,至龙场。陈来先生认为这一路线并无《年谱》与冯梦龙所言的至南京省亲之迹。(陈来《有无之境:王阳明哲学的精神》,第345页。)

王阳明在赴龙场前经过广信,娄谅于弘治辛亥(1491)五月二十七日去世,不可能在正德年间再与阳明会面。但娄谅之子娄忱亦热衷于讲学,从游者甚众。王阳明在广信时正值正月十五,是很有可能去拜访他的启蒙恩师的故地,或许当时接待他的正是娄忱,或者是娄谅的其他弟子。

[10]

"近世士夫亦有稍知求道者,皆因实德未成而先揭标榜，以来世俗之谤，是以往往隳堕无立，反为斯道之梗。诸友宜以是为鉴，刊落声华，务于切己处着实用力。前在寺中所云静坐事，非欲坐禅入定。盖因吾辈平日为事物纷拏，未知为己，欲以此补小学收放心一段功夫耳。"（《与辰中诸生》,《王阳明全集》卷四，第162页。）

[11]

"凿石为椁"，当据黄绾《阳明先生行状》:"公于一切得失荣辱皆能超脱，惟生死一念，尚不能遣于心，乃为石椁，自誓曰:'吾今惟俟死而已，他复何计？'日夜端居默坐，澄心精虑，以求诸静一之中。一夕，忽大悟，踊跃若狂者。"（《王阳明全集》卷三十八，第1557页。）石椁当指天然洞穴玩易窝，王阳明龙场悟道得益于《周易》，无论是在狱中、赴谪途中，还是龙场，《周易》成为王阳明的精神支柱：如狱中诗:"囚居亦何事？省愆惧安饱。瞑坐玩羲《易》，洗心见微奥。"（《读易》,《王阳明全集》卷十九，第747页。）赴谪诗:"羊肠亦坦道，太虚何阴晴？灯窗玩古《易》，欣然获我情。起舞还再拜，圣训垂明明。拜舞讵逾节？顿忘乐所形。敛衽复端坐，玄思窥沉溟。寒根固生意，息灰抱阳精。”(《杂诗三首》之三,《王阳明全集》卷十九,第760页。)龙场《玩易窝记》:“阳明子之居夷也,穴山麓之窝而读《易》其间。始其未得也,仰而思焉,俯而疑焉,函六合,入无微,茫乎其无所指,孑乎其若株。其或得之也,沛兮其若决,瞭兮其若彻,菹淤出焉,精华入焉,若有相者而莫知其所以然。其得而玩之也,优然其休焉,充然其喜焉,油然其春生焉。精粗一,外内翕,视险若夷,而不知其夷之为阨也。于是阳明子抚几而叹曰:‘嗟乎!此古之君子所以甘囚奴,忘拘幽,而不知其老之将至也夫!吾知所以终吾身矣。’名其窝曰‘玩易’。”(《王阳明全集》卷三十八,第988—989页。)

[12]

据《孟子·尽心上》:孟子曰:“人之所不学而能者,其良能也;所不虑而知者,其良知也。孩提之童,无不知爱其亲者;及其长也,无不知敬其兄也。亲亲,仁也;敬长,义也。无他,达之天下也。”

[13]

“寅宾堂”,应作“宾阳堂”。王阳明《宾阳堂记》云:“传之堂东向曰‘宾阳’,取《尧典》‘寅宾出日’之义。”(《王阳明全集》卷二十三,第986—987页。)黄绾《阳明先生行状》亦称“宾阳堂”。(《王阳明全集》卷三十八,第1557页。)

[14]

据《年谱》,“三年戊辰,先生三十七岁,在贵阳”。“是年始悟格物致知。”“时瑾憾未已,自计得失荣辱皆能超脱,惟生死一念尚觉未化,乃为石墩自誓曰:‘吾惟俟命而已!’日夜端居澄默,以求静一;久之,胸中洒洒。而从者皆病,自析薪取水作糜饲之;又恐其怀抑郁,则与歌诗;又不悦,复调越曲,杂以诙笑,始能忘其为疾病夷狄患难也。因念:‘圣人处此,更有何道?’忽中夜大悟格物致知之旨,寤寐中若有人语之者,不觉呼跃,从者皆惊。始知圣人之道,吾性自足,向之求理于事物者,误也。”(《王阳明全集》卷三十三,第1354页。)阳明龙场悟道主要在于格物致知,次年提出知行合一,龙场悟道时并未提出良知与致良知。据钱德洪记载,王阳明自“征宁藩后,专发致良知宗旨,则益明切简易矣。”(《与滁阳诸生书并问答语》跋语,《王阳明全集》卷二十六,第1083页。)正德十六年,阳明五十岁,“是年先生始揭致良知之教”。(《王阳明全集》卷三十三，第1411页。）

[15]

据《五经臆说序》，“夫说凡四十六卷，《经》各十，而《礼》之说尚多缺，仅六卷云”。（《王阳明全集》卷二十二，第966页。）《五经臆说》以心解经，如解释《春秋》“元年春王正月”为“元也者，在天为生物之仁，而在人则为心”，解释《周易》之《晋》卦为“心之德本无不明也，故谓之明德”。（《五经臆说十三条》，《王阳明全集》卷二十六，第1076—1079页。）

[16]

“癸巳”，应为“己巳”。

[17]

此处引文主要出自《传习录上》（《王阳明全集》卷一，第4—5页），为正德七年（1512）与徐爱论学所述。《年谱》将阳明与徐爱论学的这段话放置在正德四年，王阳明与席书论朱陆异同之后。（《王阳明全集》卷三十三，第1355页。）冯梦龙或据此，而将王阳明与徐爱论学之语误作与席书论学。

[18]

《睡起写怀》,《王阳明全集》卷十九,第793页。据《年谱》,"师昔还自龙场,与门人冀元亨、蒋信、唐愈贤等讲学于龙兴寺,使静坐密室,悟见心体"。(《王阳明全集》卷三十六,第1476页。)

[19]

"囹圄",监狱。此据《年谱》:"稽国初旧制,慎选里正三老,坐申明亭,使之委曲劝谕。民胥悔胜气嚣讼,至有涕泣而归者。由是囹圄日清。"(《王阳明全集》卷三十三,第1356页。)又见黄绾《阳明先生行状》:"庚午,升庐陵知县。比至,稽国初旧制,慎选里正三老,委以词讼,公坐视其成,囹圄清虚。"(《王阳明全集》卷三十八,第1558页。)

[20]

《别方叔贤四首》之三,《王阳明全集》卷二十,第797页。

[21]

《传习录上》,《王阳明全集》卷一,第12页。

[22]

如《龙蟠山中用韵》:“无奈青山处处情,村沽日日办山行。真惭廪食虚官守,只把山游作课程。”《琅琊山中三首》:“《六经》散地莫收拾,丛棘被道谁刊删?已矣驱驰二三子,凤图不出吾将还。”(《王阳明全集》卷二十,第803—804页。)

[23]

据《年谱》:“滁山水佳胜,先生督马政,地僻官闲,日与门人游遨琅琊、瀼泉间。月夕,则环龙潭而坐者数百人,歌声振山谷。诸生随地请正,踊跃歌舞。旧学之士皆日来臻。于是从游之众自滁始。”(《王阳明全集》卷三十三,第1363页。)

[24]

《示弟立志说》作于正德十年乙亥(1515)。(《王阳明全集》卷七,第289页。)

[25]

《滁阳别诸友》,《王阳明全集》卷二十,第809页。

[26]

“朱虎”,应为“朱篪”。

叁

破山中贼

时汀漳各郡皆有巨寇，兵部尚书王琼特举先生之才，升都察院右佥都御史，巡抚南、赣、汀、漳等处。先生因得归省岑太夫人及龙山公。

正德十年，先生念祖母岑太夫人年九十有六，思一修觐，乃上疏请告，不允。[1]

时汀漳各郡皆有巨寇，兵部尚书王琼特举先生之才，升都察院右佥都御史，巡抚南、赣、汀、漳等处。先生因得归省岑太夫人及龙山公。[2]

正德十二年正月，赴任南赣。道经吉安府万安县，适遇流贼数百，肆劫商舟。舟人惊惧，欲回舟避之，不敢复进。先生不许，乃集数十舟，联络为阵势，扬旗鸣鼓，若将进战者。贼见军门旗号，知是抚院，大惊，皆罗拜于岸上，号呼曰："某等饥荒流民，求爷赈济活命！"

先生命将船从容泊岸，使中军官传令，谕之曰："巡抚老爷知汝等迫于饥寒，一到赣后，即差官抚插，宜散归候赈。若更聚劫乡村，王法不宥。”

贼俱解散。[3]

既抵赣，即行牌所属，分别赈济，招抚流民，置二匣于台前，榜曰：

求通民情，愿闻己过。

因漳贼詹师富、温火烧等连年寇盗，其势方炽，移文湖广、福建、广东三省，克期进剿。赣民多受贼贿，为之耳目。官府举动，贼已先觉。先生访知军门有一老隶奸狡尤甚，忽召入卧室，谓之曰：“有人告你通贼，你罪在必死。若能改过，悉列通贼诸奸民告我，我当赦汝之命。”老隶叩头，悉吐其实，备开奸民姓名。先生俱密拿正法。[4]

此弭盗良法，惜无善用之者。

又严行十家牌法。其法十家共一牌，开列各户籍贯、姓名、年貌、行业，日轮一家，沿门诘察。遇面生可疑之人，即时报官。如或隐匿，十家连坐。所属地方，一体遵行。[5]

又以向来远调狼达土军，动经岁年，糜费巨万，骄横难制，有损无益。乃使各省兵备官，令府州县挑选本地真正骁勇，每县多者十人，少者七八人。大约江西、福建二省，各以五六百名为率；广东、湖广二省，以四五百名为率，其间有魁杰出群、通晓韬略者，署为将领。所募骁勇，随各兵备官屯扎训练。无事拨守城隘，有事应变出奇。[6]到任十

十一年丙子秋，升左佥都御史，巡南、赣、汀、漳、雄、韶、惠、潮、郴等处……先生初过万安，贼正劫百家滩，跳号无忌。下车，首督四省兵备，拣选民兵，别其饶贫。悬赏招募异材操演……亲教以八阵法技艺。[7]

余日，调度略毕，即议进兵。

兵次长富村，遇贼，大战，斩获颇多。贼奔至象湖山拒守，我兵追至地名莲花石，与贼对垒。会指挥覃桓率广东兵到，与贼战，小胜，遂进前合围。贼见势急，溃围而出。覃桓马蹶，为贼所杀，县丞纪庸[8]亦同时被害。诸将气沮，谓："贼未可平，请调狼兵，俟秋再举。"

先生阳听其说，进屯汀州府上杭县，宣言："大犒三军，暂且退师蓄锐，俟狼兵齐集征进。"[9]

密遣义官曾崇秀觇贼虚实，回言："贼还据象湖，只等官军一退，复出劫掠。"

先生乃责各军以失律之罪，使尽力自效。[10]分兵为二路，俱于二月廿九晦日，出其不意，衔枚并进，直捣象湖，夺其隘口。众贼失险，复据上层，峻壁四面，滚木礌石，以死拒战。先生亲督兵士，奋勇攻之。自辰至午，呼声震地。三省奇兵从间道攀崖附木，四面蚁集，贼惊溃奔走。官军乘胜追剿，贼兵大败。

先生乃分遣福建佥事胡琏、参政陈策、副使唐泽等，率本省兵攻长富村；广东佥事顾应祥、都指挥杨懋等，率本省兵攻水竹大重坑；先生自提江西兵，往来接应。不一月，福建兵攻破长富村巢穴三十余处，广东兵攻破水竹大重坑巢穴一十三处，斩首从贼詹师富、温火烧等七千余名，俘获贼属及辎重无算。漳、南数十年之寇，至是悉平。以二月出师，四月班师，成功未有如此之速者。

先生驻军上杭，久旱不雨。师至之日，一雨三日。百姓歌舞于道。先生因名行台之堂曰“时雨堂”，取“王师若时雨”之义也。[11]

先生谓：

习战之方，莫要于行伍；治众之法，莫先于分数。每每调集各兵，二十五人编为一伍，伍有小甲；五十人为一队，队有总甲；二百人为一哨，置哨长一人，协哨二人；四百人为一营，置营官一人，参谋二人；一千二百人为一阵，阵有偏将；二千四百人为一军，军有副将。偏将无定员，临事而设。小甲选于各伍中，总甲又选于小甲中，哨长选于千百户义官中。副将得以罚偏将，偏将得以罚营官，营官得以罚哨长，哨长得以罚总甲，总甲得以罚小甲，小甲得以罚伍兵。务使上下相维，如身臂使指，自然举动齐一，治众如寡。编选既定，每伍给一牌，备列同伍姓名，谓之伍符。每队各置两牌，编立字号，一付总甲，一藏本院，谓之队符。每哨各置两牌，编立字号，一付哨长，一藏本院，谓之哨符。每营各置两牌，编立字号，一付营官，一藏本院，谓之

此即管子内政遗制，治军之法，莫妙于此。要在实实行之耳。

营符。凡遇征调，发符比号而行，以防奸伪。[12]

又疏请申明赏罚：

兵士临阵退缩者，领兵官即军前斩首；领兵官不用命者，总兵官即军前斩首。其有擒斩功次，不论尊卑，一体升赏。生擒贼从勘明，决不待时。夫盗贼之日滋，由招抚之太滥；招抚之太滥，由兵力之不足；兵力之不足，由赏罚之不行。乞假臣等，以令旗令牌，使得便宜行事。[13]

尤为要着。

又议割南靖、漳浦之地，建立县治于大洋陂，又添立巡简司，协同镇压。

兵部王琼以先生之言为然，覆奏俱依拟，赐县名曰清平，[14]改巡抚为提督军务，给旗牌，假便宜。[15]仍论平漳寇功，加俸一级。先生益得发舒其志。

再说南赣西接湖广桂阳，有桶冈、横水诸贼巢；东接广东龙川，有浰头诸贼巢。横水贼首谢志珊、桶冈贼首蓝天凤、浰头贼首池仲容，俱僭号称王，伪署官职，拥众据险，出入无常。屡调狼兵进讨，不能取胜。谢志珊自号征南王，闻督府方讨漳寇，乃大修战具，并造吕公车若干，欲乘隙先破南康，乘虚入广。时湖广巡抚都御史陈金，疏请三省之

先生修濂溪书院，创射圃，辟讲堂，门人周冲、周仲、郭治、刘魁、欧阳德、何秦、黄弘纲、刘肇衮、王学益等四至。立十家牌，联保甲，奸伪无所容。屡谕父老子弟孝亲敬长，奉法修睦，息讼罢争。作《谕俗四条》，[16]修社学，择教读刘伯颂等教童子歌诗习礼，[17]选耆儒袁庆奇主之，弦歌盈街市。

师夹攻桶冈。

先生曰:“桶冈、横水、左溪诸贼,荼毒三省,其患虽同,而事势各异。论湖广,则桶冈为腹心之疾;论江西,则横水为腹心之疾。今不去江西腹心之疾,而欲与湖广夹攻桶冈,失缓急之宜矣。湖广克期以十一月朔日会集,今尚在十月。横水贼闻湖广合剿之信,必谓我先攻桶冈。又见我兵未集,师期尚远,必不准备。若出其不意,进兵疾击,可以得志。已破横水,移兵桶冈,此破竹之势也。”[18]

先生恐征横水时浰头贼乘机扰乱,乃为告谕一通,具述利害,遣报效生员黄表、义民周祥等招抚池仲容等,劝之立功自赎,且各赐银布,以安其心。一时,贼党见谕词诚恳,莫不感动。酋长黄金巢、刘逊、刘粗眉、温仲秀等随黄表等各引部下出投,情愿杀贼立功。先生用好言抚慰,选其精壮五百人为兵,随军征进,余老弱散遣之。先生已定出师之期,预先分定哨道,密授方略,那几处哨道?

> 一、江西都司都指挥许清,率兵一千,自南康县所溪入,攻白蓝,与本院会于横水。
>
> 一、赣州府知府邢珣,率兵一千,自上犹县石人坑入,协攻白蓝,会于横水。
>
> 一、南赣守备郏文,率兵一千,自大庾县义安入,合攻左溪,会于横水。

一、汀州府知府唐淳，率兵一千，自大庾县聂都入，合攻左溪，会于横水。

一、南安府知府季敩，率兵一千，自大庾县稳下入，合攻左溪，会于横水。

一、南康县县丞舒富，率兵一千，自上犹县金坑入，径攻左溪，会于横水。

一、赣州卫指挥余恩，率兵一千，自上犹县独孤岭入，径攻左溪，会于横水。

一、宁都县知县王天与，率兵一千，自上犹县官隘员坑入，进屯横水。

一、吉安府知府伍文定，率兵一千，搜剿稽芜等处贼巢，进屯横水。

一、广东潮州府程乡县知县张戬，率兵一千，搜剿黄雀坳等贼巢，进屯横水。

分拨十路军马，限定十月初七日，各哨齐发。又拨兵备副使杨璋、分守参议黄宏监督各营官兵往来给饷。[19]

先生暗谕：

本院标下将领，同时进发。

号令虽出，衙门中寂然无闻。先生在赣院，左有旁门，通射圃，暇即与诸生讲学其中，或习射，每至夜分而散。次早，则诸生入院揖谢，以此为常。出兵之前一日，与诸生夜坐谈论。诸生以先生坐久，请休息。[20]先生乃回院。及明旦，诸生集于院门，欲进谢，守门者辞曰："公进院未几，即领兵出城去，不知何往。度此际可行二十余里矣。"其神机不测如此。

举动门且贼，安之必成功。

先生于十月初九日兵至南康。有人出首义官李正岩、医官刘福泰，素与贼通者。先生召二人至，以首状示之。二人力辩无有。先生曰："即有之，姑释汝罪。"乃皆留于幕下，戴罪立功。

景晚，李正岩、刘福泰禀有机密事求见，先生召入，密叩之。

二人齐声禀称："欲攻桶冈，必经由十八面地方，此乃第一险要去处。乱山环拱，岭峻道狭，从来官军不能入。今有木工张保，久在蛮中，凡建立棚寨，皆出其手。要知地利，非得此人不可。"

先生问："张保何在？"

二人曰："某等蒙老爷不杀之恩，誓欲报效。天幸遇着张保，已拘留在辕门之外。未奉呼唤，不敢擅自引入。"

先生即令二人出外，同张保入见，务要隐密，不得声张其事。当下，李、刘二人引张保直至后堂，叩头。

横水大贼首谢志珊僭称征南王，桶冈蓝天凤称盘皇子孙，及鸡湖、双坝等巢，为乱湖广。夹攻以十一月攻桶冈，而横水、左溪观望未备。先生密布诸哨，各给旗号军令，以十月初七日分道并进……

先生曰："闻蛮贼建立栅寨，皆出汝手，汝罪当死！"

张保连连叩头，答曰："小人手艺为活，误入贼穴，一时贪生怕死，受其驱使，实非得已。"

先生曰："我且不计较汝。但彼立寨之处，必然选择险要，汝在彼中，亦必备知，可细细开明左右前后大小出入之道。贼破之日，一例叙功。"

张保欣然，遂请求笔砚。先生分付李、刘二人监押，教他安坐开写。自己退回卧房，使亲随门子以酒食劳之。张保感激，即备细开出：某贼寨在某山，某处是进路，某处是退路，某处山头与某寨相对，路平路险，如何上山，如何下山，恰像写卖山文契的，四址分明，滴水不漏。

门子禀道："木工开写已完。"

先生复出召见，亲自收取，看了一遍，再把好言抚慰，即留三人于内堂厢房安歇。次早，皆授义官名色。

初十日，兵进至南坪地方，使李正岩、刘福泰引着间谍，四路分探，回报："众贼不虞官兵猝至，各巢皆鸣锣聚众，往来呼噪，为分头御敌之计，势甚张皇。各险隘皆设有滚木礌石，已做准备。"先生乃乘夜疾进。

十一日，离贼巢三十里下寨，使人伐木立栅，开堑设堠，示以久屯之形。使报效听选官雷济、义民萧庾，分率乡兵及樵竖善登山者四百人，各给旗一面，赍铳、炮、钩、镰、枪，使由间道攀崖悬壁而上，分伏各山顶高处，预堆积茅草，约定次日官军进攻各山头，将旗竖立，举炮燃火相应。

十二日，官军至十八面隘。贼方据险迎敌，忽闻远近山顶炮声如雷，烟焰四起，官军呼噪奋勇，炮箭齐发。贼惊皇失措，以为巢穴已破，遂弃险奔溃。

先生预遣千户陈伟、高睿分率壮士数十悬崖而上，夺其险隘，尽发其木石。官军乘胜急进，呼声震天。指挥谢昶、冯廷瑞由间道先入，放火焚贼巢。贼退无所据，乃大败，四散奔走，遂连破长龙、十八面隘等七巢。

贼首谢志珊与萧贵模计议，谓横水居众险之中，可倚以自固。及闻官军四进，仓卒分众阨险出御。见横水烟焰障天，铳炮之声摇撼山谷，心胆愈裂，弃险而逃。

时各哨官兵陆续俱到，邢珣兵破磨刀坑等三巢，王天与破樟木坑等二巢，许清破鸡湖等三巢，俱至横水来会。唐淳破羊牯脑等三巢，并破左溪大巢，郏文破狮寨等三巢，余恩破长流坑等三巢，舒富破箬坑等三巢，季敩破上西峰等三巢，俱至左溪，守巡各官亦随后而至。

是日，斩大贼钟明贵、陈曰能等数人，从贼首级千余。其自相蹂践堕崖填谷而死者不计其数。贼于入路皆刊崖倒树，设阱埋签。官军昼夜涉深涧，蹈丛棘，遇险绝，则挂绳于崖树，鱼贯而上，猿擘而下，往往失堕深谷，不死为幸。

各兵至横水左溪者，皆疲困不能驱逐。会日暮，传令收兵屯扎。至次日，大雾咫尺不辨，先生令各营休兵享士，使乡导数十，分探溃贼何在，并未破巢穴动静。

连日雾雨，至十五日，尚濛濛不开。各乡导回报，言诸贼预于各山绝险崖壁立寨，为退保计，亦有并聚于未破各巢者。

诸将皆曰：“会剿桶冈，期在十一月朔，日已迫矣，奈何？”

先生曰：“此去桶冈尚百余里，山路绝崄，三日方达。若此处之贼未能扫尽，而移兵桶冈，瞻前顾后，备多力分，非计之得也。”

适搜山者擒一贼至，问之，乃是桶冈贼遣至横水探信者，姓钟，名景。

先生曰：“吾兵所向皆克，灭桶冈只待旦夕。汝若肯留吾麾下效用，当赦汝罪。”

钟景叩头愿降。先生因叩桶冈地利。钟景言之甚详，兼能识横水各巢路道。先生遂解其缚，赐以酒食，留于帐下。于是传令各营，皆分兵为奇正二哨，一攻其前，一袭其后，冒雾疾趋。

十六日，邢珣攻破旱坑等二巢，季敩同郑文攻破稳下等二巢。十七日，唐淳攻破丝茅坝巢。十八日，许清攻破朱雀坑等四巢。十九日，余恩攻破梅坑等二巢。二十日，邢珣又破白封龙等二巢，王天与破黄泥坑。二十二日，舒富破白水洞巢。是日，伍文定、张戬兵亦至。二十四日，伍文定破寨下巢，张戬破杞州坑巢。二十五日，张戬又破朱坑巢，伍文定破杨家山巢。二十六日，季敩又破李坑巢，许清又破川坳巢。二十七日，郏文又攻破长河洞巢，俘斩无数。

谢志珊谋遁桶冈，被邢珣活捉解来。先生奉新奏准事例，即命于辕门枭首。临刑，先生问曰："汝一介小民，何得聚众如此之多？"

志珊曰："此事亦非容易！某平日见世上有好汉，决不肯轻易放过，必多方钩致，与为相识，或纵其饮，或周其乏。待其感德，然后吐实告之，无不乐从矣。负千觔气力者五十余人，今俱被杀，束手就缚，乃明天子之洪福也，又何尤哉？"

因瞑目受刑。

先生他日述此事于门人，曰："吾儒一生求朋友之益，亦当如此。"[21]

后人论此语，不但学者求朋友当如此，虽吏部尚书为天下求才，亦当如此。有诗四句云：

同志相求志自同，
岂容当面失英雄？
秉铨谁是怜才者？
不及当年盗贼公。

考陆天池《史余》上说：先生微服与木工同入贼寨，自称工师，兼通地理。贼喜其辩说，礼为上客。先生周行其穴，密籍其险要可藏之处，绐贼，以五百人随出，约伏官军营侧，克期出兵为应。贼从其计。先生至军中，悉配其人于四郊，各不相通。自选精卒千人诈降，密携火器，埋之贼境，又辞归。至期，率兵数万而进。贼启关出迎，洞中火炮大发。精卒从后夹击，贼惶惑不能支，遂大败。平贼后，取五百人者，剜其目睛，而全其命。

今按先生《年谱》：自起兵至平贼，才二十日耳，如疾雷迅霆，安得有许多曲折？且自称工师，往来诱敌，旷日持久，亦非万全之策。此乃小说家传言之妄，当以《年谱》为据。

再说是日诛了谢志珊，诸将遂请乘胜进攻桶冈。先生询访钟景等，已知地势之详，谓诸将曰："桶冈天险四塞，其出入之路，惟锁匙龙、葫芦洞、茶坑、十八磊、新池五处。然皆架栈梯壑，一人守之，千人难过。止有上章一路稍平，然非半月不可达。奔驰之际，彼已知备矣。莫若移屯近地，休兵养威，谕以祸福。彼见吾兵累胜，必惧而请服，如其迟疑，当进而袭之。"

乃遣戴罪义官李正岩、医官刘福泰，并降贼钟景，于二十八夜往桶冈，招安蓝天凤等。如果愿降，待以不死。

期定于十一月初一日上午，至锁匙龙送款。

话分两头，却说浰头贼首池仲容，绰号池大髩，原是龙川县大户出身，因被仇家告害，官府不明，一时气愤，与其弟仲宁、仲安聚起家丁庄户，杀了仇家一十一口，遂招集亡命，占住三浰落草。屡败官军，渐渐势大，自号金龙霸王。伪造符印，以兵力胁远近居民，壮者收为部下，富者借贷银米，稍有违抗，焚杀无遗。

龙川大姓卢珂、郑志高、陈英三人，颇有本事，各聚众千余，保守乡村。仲容欲招至入伙，卢珂等不从，互相仇杀。

先生檄岭东兵备道，先招卢珂等三家。三家遂奉约束，愿出力剿贼。遂留本村，与龙川县协同备御，仲容深恨之。及黄金巢等出降，众贼俱有纳款之意，惟池仲容不肯，谓众贼曰："我等作贼，已非一年；官府来招，亦非一次。其言未足凭信！且待黄金巢等到官后，果无他说，我等遣人出投，亦未为晚。"

及闻十月十二日官兵已破横水，仲容始有惧色。适先生又使黄金巢等作书往招。仲容乃谓其党高飞甲曰："官军既破横水，必乘胜直捣桶冈，次即及浰头矣，奈何？"

高飞甲曰："前督抚曾遣人来招安，且闻黄金巢等已蒙署官录用，不若亦遣一人出投，一则缓其来攻，二则窥觇虚实。若官军势果强盛，招安果系实情，又作计较。不然，留仲安在彼处，亦好潜为内应，一面拨人守险，多备木石，以防掩袭。”

仲容以为然，乃遣其弟仲安率老弱二百余人，往至横水投降，情愿随众立功。[22]

时横水贼已全平矣。先生谓曰：“汝既是真心纳降，本院即日加兵桶冈，汝可引本部兵往上新地屯扎。如桶冈贼奔逸到彼，用心截杀，将首级来献，便算你功。”

那上新、中新、下新三巢，是桶冈西路，去浰头甚远。先生故意调开，使其难归，外示委用，以安其心，此是先生妙计。

再说李正岩等至桶冈，先述督抚兵威，后述招抚之期。蓝天凤大喜，情愿就抚。方召其党商议此事，横水贼萧贵模逃入桶冈，来见天凤，曰：“征南王不知守险，使官军潜入内地，是以溃败。若加意隄防，虽有百万之众，岂能飞入？今锁匙龙各隘，地皆绝险，某所收横水余兵，尚有千余，足可助桶冈为守。奈何自就死地，如猪羊入屠人之手乎？”

天凤意不能决，乃令各寨头目俱至锁匙龙聚议。

先生遣县丞舒富率数百人，逼锁匙龙下寨，连连遣使，催取天凤等款状。一面密使邢珣兵入茶坑，伍文定兵入西山界，唐淳兵入十八磊，张戬兵入葫芦洞，立限三十日，乘夜各至分地。是夜大雨，不得进。初一日早，雨犹未止，各军冒雨而入。天凤见屡使催款，正在商量，又见大雨，料难进兵，防备就懈弛了。忽闻四路兵已大进，惊曰："王公用兵真如神矣！"

急收拾兵众千人，据内隘绝壁，隔水为阵，以拒官军。

邢珣率兵渡水前击，张戬之兵冲其右，伍文定又自戬兵之右，悬崖而下，绕贼傍合攻。贼不能支，且战且却。及午雨止，各兵奋击，贼大败。

王天与、舒富两路兵，闻官军已入前山，亦从锁匙龙并登，各军乘胜奋击。贼悉望十八磊奔逃，正遇唐淳之兵严阵以待，又大战一场。会日暮暂息，贼犹扼险相持。

次早，诸军复合势剿杀，贼遂大败。凡破十三巢，擒斩无数。初五日至十三日，陆续又破上新、中新、下新等十巢，斩萧贵模于阵。蓝天凤率败兵，欲于桶冈后山乘飞梯直入范阳大山，却先被官军把守，前后困围，计无复之，乃投崖而死，枭其首以献。岩谷溪壑之间，僵尸填满，于是桶冈之贼略尽。

据先生报二处捷数目：

> 捣过巢穴共八十四处，
>
> 擒斩大贼首谢志珊、蓝天凤等八十六名颗，
>
> 从贼首级三千一百六十八名颗，

俘获贼属二千三百三十六名口，
夺回被虏男妇八十三名口，
牛马驴一百八只，
赃仗二千一百三十一件，
金银一百一十三两八钱一分。[23]

时湖广军门已遣参将史春统兵前来会剿，行至郴州，接得先生钧牌，知会桶冈贼巢俱已荡平，不必复劳远涉。

史春大惊曰："向议三省合剿，打帐一年，尚恐未能尽殄。今王督院之兵朝去夕平，如扫秋叶，真天人也！"

先生奏凯班师，百姓扶老携幼，手香罗拜，言："今日方得安枕而卧。"

所经州县关隘，各立生祠。远乡之民肖像于家堂供养，岁时尸祝。

先生谓：

横水、桶冈各贼寨，散在大犹、庾岭之间，地方窎远，号令不及。议割三县之地，建立县治，及增添三处巡司，设关保障。

疏上，悉依议，赐县名曰"崇义"，附江西南安府，赐敕奖谕。

浰头贼闻桶冈复破，愈加恐惧，乃分兵为守隘拒敌之计。

先生先谕黄金巢等，密遣部下，散归贼巢左近，俟官兵一到，即据险遏贼。再谕卢珂、郑志高等，用心提备。然后遣生员黄表、义民周祥等，赍牛酒复至浰头，赏劳各酋长，并诘其分兵守隘之故。池仲容无词可解，乃诈称："龙川义民卢珂、郑志高素有仇怨，今不时引兵相攻，若一撤备，必被掩袭。某等所以密为之防，非敢抗官兵也。"

遂遣其党鬼头王，随黄表等回报，请宽其期，当悉众出投，尽革伪号，止称新民。

先生阳信其言，遂移檄龙川，使察卢珂等擅兵仇杀之实，谓鬼头王曰："卢珂等本院已行察去讫，如情罪果真，本院当遣大军往讨，但须假道浰头。汝等既降，先为我伐木开道，以候官军，不日征进。"

鬼头王回报，池仲容且喜且惧：所喜者，督院嗔怪卢珂等，堕其术中；所惧者，恐其取道浰头，不是好意。

复遣鬼头王来谢，且禀称："卢珂等某自当悉力捍御，不敢动劳官军。"

恰遇卢珂、郑志高、陈英亲到督院具状，辩明其事。状中备述池仲容等平昔僭号设官，今又点集兵众，号召远近各巢贼酋，授以总兵都督等伪官，准备抗拒官军。

先生大怒曰："池仲容已自投招，便是一家。汝挟仇，擅自仇杀，罪已当死。又造此不根之言，乘机诬陷，欲掩前罪，本院如见肺肝。那池仲容方遣其弟池仲安领兵报效，诚心归附，岂有复行抗拒之事？”

遂扯碎其状，诧之使出：“再来渎扰，必斩！”

却教心腹参谋，密向他说：“督府知汝忠义，适来佯怒，欲哄诱浰头自来。你须是再告，告时受杖三十，暂系数旬，方遂其计。”

卢珂等依言，又来告辩。先生益怒，喝令缚珂等斩首来报，标下众将俱为叩头讨饶。先生怒犹未解，将卢珂责三十板，喝令监候。

池仲安等在幕下，闻珂等首辩，心怀惊惧。及见先生两次发怒，然后大喜，率其党欢呼罗拜，争诉珂等罪恶。

先生曰：“本院已体访明白，汝可开列恶款来，待我审实后，当尽收家属处斩，以安地方。”

仲安益大喜，作家书，付鬼头王，回报其兄仲容去讫。

卢珂等既入监，先生又使心腹参随，只说要紧人犯在监，不放心，教他巡阅。却暗地致督府之意，安慰珂等，说：“事成之日，当有重用。你可密地分付家属，整顿人马，伺候军令差遣。”

珂等感泣曰：“督府老爷为地方除害。若用我之时，虽肝脑涂地，亦无所恨。”

先生又使生员黄表、听选官雷济安慰池仲容，说：“督府已知卢珂等仇杀之情，汝等勿以此怀疑。”

仲容大排筵席，管待黄表、雷济二人，坐中夸：“督府用兵如神，更兼宽宏大量，来者不拒，黄金巢等俱授有官职。你等若到麾下，自当题请重用。”

仲容拱手曰：“全仗先生们提挈。”

黄表因私谓所亲信贼酋曰：“卢珂等说令兄恶迹多端，无非是妒忌之意。虽然督府不信，令兄处也该自去投诉。”

仲宁唯唯。言于仲容，仲容迟疑不行。

十二月二十日，先生大军已还南赣，各路军马俱已散遣，回归本处。先生乃张乐设饮，大享将士。示谕城中云：

督抚军门示：向来贼寇抢攘，时出寇掠，官府兴兵转饷，骚扰地方，民不聊生。今南安贼巢尽皆扫荡，而浰头新民又皆诚心归化，地方自此可以无虞。民久劳苦，亦宜暂休息为乐。乘此时和年丰，听民间张灯鼓乐，以彰一时太平之盛。

先生又曰：“乐户多住龟角尾，恐有盗贼藏匿，仰悉迁入城中，以清奸薮。”

于是街巷俱燃灯鸣鼓，倡优杂沓，游戏为乐。

先生又呼池仲安至前，谓曰：“汝兄弟诚心向化，本院深嘉。闻卢珂党与最众，虽然，本身被系，其党怀怨，或掩尔不虞，事不可知。今放尔暂归浰头，帮助尔兄防守。传语尔兄，小心严备，不可懈弛失事。”

仲安叩头感谢。先生又使指挥俞恩护送仲安，并赍新历，颁赐诸酋。诸酋大喜，盛筵设款。仲安又述督府散兵安民及遣归协守之意，无不以手加额，踊跃谢天。

时黄表、雷济尚留寨内，会饮中间，仲容说道：“我等若早遇督府，归正久矣。”

表、济曰：“尔辈新民，不知礼节。今官府所以安辑劳来尔等甚厚，况且遣官颁历，奈何安坐而受之？论礼亦当亲往一谢。”

余恩曰：“此言甚当！况卢珂等日夜哀诉，说你谋反有据。官府若去拘他，他断然拒命不来。何不试拘对理，看他来与不来，即此可证反情之实。”

仲容曰：“若督府来唤对理，岂有不去之理？”

表、济又曰：“今若不待拘唤，竟往叩谢，须便就诉明卢珂等罪恶，官府必益信尔无他，珂等诈害是实，杀之必矣。”

所亲信贼酋亦从中力劝。仲容以为然，乃谓其众曰：“若要伸，先用屈。输得自己，赢得他人。赣州伎俩，亦须亲往勘破。”

遂定计，选麾下好汉，并所亲信者共九十三人，亲至赣州，来见督府。仲宁、仲安留于本寨。[24]余恩等先驰归报。

先生乃密遣人传谕属县：“勒兵分哨付本院，不时檄到即发。”

又遣千户孟俊，先至龙川，督集卢珂、郑志高、陈英三家兵众。又以路从浰巢经过，恐其起疑，于是另写一牌，牌上开写：

卢珂等擅兵仇陷过恶，仰龙川县密拘三家党属，解至本院问究。

却将真牌藏于贴肉秘处。孟俊行至浰头，贼党一路盘问，俊出牌袖中示之，故意嘱他：“此官府秘密事情，万勿泄漏！”

贼皆罗拜，争献酒肉，为之向导，送出浰巢。一路上其党自相传说，无不欢喜。孟俊到了龙川，方出真牌，部勒三家兵众。巢中诸贼传闻，皆以为拘捕其党，并不他疑。

仲容等到于赣州，正似猪羊近屠户之家，一步步来寻死地。仲容把一行人众营于教场，单引亲信数人进院参谒。先生用好言抚慰，问：“此来许多人众？”

仲容禀曰：“随从不过九十余人。”

先生曰：“既是九十余人，必须拣个极宽的去处安顿方好。”

问中军官：“何处最为宽闲？”

中军官禀道：“惟有祥符寺地最宽敞，房屋亦俱整齐。”

先生曰："就引至祥符寺居住罢。"

又问："众人今在何处？"

中军官不等仲容开口，便禀道："众人见屯教场。"

先生伪变色曰："尔等皆我新民，不来见我，而营于教场，莫非疑心本院么？"

仲容惶恐，叩首曰："就空地暂息，听老爷发放，岂有他意？"

先生曰："本院今日与你洗雪，复为良民，也非容易。你若悔过自新，学好做人，本院还有扶持你处。"

仲容叩谢而出。

既至祥符寺，见宫室整洁，又有参随数人为馆伴，赐以米薪酒肉，标下各官俱来相拜，各有下程相送，欢若同僚，喜出望外。时乃闰十二月二十三日也。

参随等日导众贼，游行街市，见各营官军果然散归，街市上张灯设戏，宴饮嬉游，信以为督府不复用兵矣。又密赂狱卒，私往觇卢珂等动静，果然械系深固。

狱卒又说："官府已行牌，拘其家属，一同究问，不日取斩。"

仲容大喜曰："吾事今日始得万全也！"

先生复制长衣油靴，分给众贼，使参随教之习礼。一日，又漫给布帛，未曾开明分别赏赐，于是老少互争。

参随禀知，先生曰："本院多事，未及细开，何不教他开一花名手本？下次照依次序给赏，老少不乱，岂不便乎？”

仲容依言，开手本送上，于是尽得其九十三人名姓。

过五日，仲容等辞归，先生曰：“自此至浰有八九日程途，即今往，不能到家过岁矣。新春少不得又来贺节，多了一番跋涉。况赣州今岁灯事颇盛，在此亦不寂寞，何不以正月回去？”

贼中少年喜观灯，且得游于娼家，参随复借贷银钱，诸贼皆欣然忘归。

至元旦，随班入贺行礼。下午，仲容复入辞，先生曰：“汝谒正，尚未犒赏，奈何就去？初二日本院尚未得暇，初三日当有薄犒。”

次日，令有司送酒于寺馆，参随官携妓女陪侍，众贼欢饮竟日。

预悬牌于辕门，牌上写道：

> 浰头新民池仲容等，次日齐赴军门领赏，照依花名次序，不许搀前哗乱。领赏过，三叩头即出，齐赴兵备道叩谢，事毕径回，不必又辞。

本院参随官抄写牌面，与众贼看了，无不欢喜。

是夜，先生密谕守备郏文，令拨经战甲士六百人，分作二十队，伏于射圃。候本院犒赏贼酋，每五名一班，鼓吹送出院门，过射圃，则以甲士一队擒而杀之。大约六人制一人，度无不胜。事了之后，只用一人在龙县丞处回话。

龙县丞者名光，原是正途出身，为吉安县丞。因不善逢迎，上司不喜，要赶逐他。太守伍文定察其人可用，言其冤于先生，留作参随。

先生又召龙光，分付："汝可引甲士一队，妆做衙门公役，各藏暗器，立于大门照墙之下。如贼党中有强力难制者，你令手下甲士上前相帮。若了事时，你便遥立屏墙，使我望见，以慰我心。倘有他变，趋入报我。"

又分付有司预备花红、羊豖、坛酒、历日、银两之类。院内军将随常排列，自有规矩。

亦密谕中军官："只等本院号令，一齐下手。"

至初三日侵早，军门上已吹打过二次，各官俱集。

池仲容引着九十三人，都穿着军门颁赐长衣油靴，整整齐齐，来至院前，见巡捕官在院门上结彩，问其缘故，答道："今日老爷犒赏新民，乃是地方吉庆之事，如何不挂彩？"

须臾，屠户牵许多猪羊来到。

参随指与仲容道："这都是你们的赏物。"

众贼预先欢喜。

须臾，三通吹打，放铳开门，文武属官进院作揖。仲容等亦随入叩头。礼毕，先生先唤池仲容到前，说：“你自头目，倡率归顺，与众不同。”

将案上大葵花银杯赐酒三大杯，草花一对，红绢二段缠身，犒银三两，大馍馍一盘，羊肉豕肉各五斤，酒二坛。分付：“你且站在一边，看本院赏完众人，拨门上家丁一名，送你归寺。”

仲容复叩头称谢。

此时天门、二门两班乐人大吹大擂，阶下屠户杀猪宰羊，论斤分剁，好不热闹。仲容双花双红，立于泊水檐下，何等荣耀！便似新得了科第一般，不胜之喜。众贼候赏的，一个个伸头舒颈，在阶下专听唱名。先生将花名手本付与中军，分付道：“依次唱名，每五名做一班，鼓乐导出。也教百姓看见，晓得从顺的好处，四方传说。”

中军官领诺，手执手本，高唱某某，众贼答应。每五名做一字脆着，每名草花一对，红布一匹，都是中军官与他插缠，亦各赐热酒二杯，犒赏银一两，大馍馍十枚，羊肉豕肉各一斤，酒一小坛。

贼人要将馍馍银封置于袖中，中军官道：“你若藏了，不见督府老爷的恩典。须是放在外面，教众百姓们大家观看。”

乃教他将衣兜子兜起馍馍，右手抱着酒坛，手中就捻着银封，左手提着猪羊肉，东脚门进，西脚门出。刚到射圃前，那三十名甲士先在那里挨次伺候，六人伏侍一个，已自众寡不敌，况且没心人对了有心人，双手又拿着许多赏物，身上穿着长衣，又被红布缠住，脚下油靴底滑，许多不方便。虽有强悍有本事的，也减了数分。不消得十分费力，便都了当，就将五个银封缴到龙县丞处为信。这里杀人，里面热闹之际，那得知道？一五一十，只管送将出来。龙县丞在屏墙下，数过第十七队，已了过八十五人矣，算道："院内连池仲容只有九人，不足为虑。"

乃走入院门，意欲回复。

先生遥见龙光走进，疑外厢有变，注目视之，见龙光行步甚缓，知其无他，心下方才安稳。龙县丞步至堂，取茶一瓯，送至先生案前，密禀曰："都了却！"

先生以头麾去。中军官又唤五名，已跪下领赏。

先生曰："汝等俱是少年后辈，前日何得与年长者争赏？须绑出捆打二十，以示教诲。"

因指未赏者三人曰："汝亦是争赏者，且只教诲你八个人。"

中军官及两班勇士一齐上前绑缚。池仲容色变，肚中如七八个吊桶，一上一落，好不安稳。一时在他矮檐下，怎敢不低头？

先生见各贼绑完，唤池仲容到前，说："汝虽投顺，去后难保其心。"

仲容方欲启口分辨，先生喝声："中军官，也与我绑着！"就于袖中出卢珂等首状，当面逐款质问："伪檄上金龙霸王印信，从何而来？"

仲容顿口无言，惟有叩头请死。

先生命押付辕门，同八人斩首号令。仲容到辕门之外，方知领赏众贼俱已杀完，悔之无及，瞑目受刑。正是：

人恶人怕天不怕，
人善人欺天不欺。
善恶到头终有报，
只争来早与来迟。

先生用计，不动声色，除了积年的反贼，满城官吏士民无不称快。犒贼之物，一毫不失，即以赏有功甲士。狱中放出卢珂、郑志高、陈英，厚加赏赐，不在话下。

时日已过午，先生退堂，一个头旋，昏倒在地。左右慌忙扶起，呕吐不止。众官俱至私衙问安。

先生曰："连日积劳所致，非他病也。幸食薄粥，稍静坐片时，安然如故矣。"[25]

是夜，先生发檄催各路兵，期定本月初七日，于三浰相会，一同捣巢。那几路？

从广东惠州府龙川县入者，共三路：

知府陈祥，兵从和平都入；

指挥姚玺，兵从乌虎镇入；

千户孟俊，兵从平地水入。

从江西赣州府龙南县入者，共四路：

指挥余恩，兵从高沙堡入；

推官危寿，兵从南平入；

知府邢珣，兵从太平堡入；

指挥郏文，兵从冷水径入。

从赣州府信丰县入者，共二路：

知府季敩，兵从黄田冈入；

县丞舒富，兵从乌径入。

先生自率帐下官兵，从龙南冷水径直捣下浰大巢。[26]

却说巢中诸贼，先前得池仲容书信，说赣州兵俱已散归，督府待之甚厚，不日诛卢珂等。传去各巢，人人信以为真，各自安居，不做准备。初闻官兵四路并进，怪仲容无信到，尚不以为然。比及打听得实，官兵已至龙子岭，去贼巢甚近了，一时惊惶失措，乃悉其精锐，据险设伏，并势迎敌。

官军聚为三冲，犄角而前。指挥余恩兵首先遇贼，百长王受奋勇前进，与贼大战，约莫三十余合，贼兵稍却。王受追赶里许，贼伏四起，将王受围困垓心，左冲右突，不能出去。忽闻东角头鼓噪之声，一队官军杀将入来，乃是惠州府推官危寿部下义官叶芳也。伏兵见有接应，正欲分兵迎敌，千户孟俊兵又从冈后杀到，横冲贼伏，与王受合兵。三路军马同时剿杀，呼声震天，贼大奔溃。官军乘胜逐北，三浰大巢俱不能守。各路兵闻大巢已破，心胆益壮，各自奋勇立功，连破五花障、白沙、赤唐等巢穴十一处，斩级无数。其夜，败贼复奔铁石障、尺八岭等巢穴。

次早，先生传令各哨官兵：

探贼所往，分投急击。

初九日，知府陈祥破铁石障巢，斩池仲宁，获金龙霸王伪印及违禁旗炮各物。于是，复克羊角山等巢穴二十三处，擒斩更多。各巢奔散之贼，其精悍者尚有八百多人，高飞甲等率之，复哨聚于九连山。那九连山高有百仞，横亘数百余里，俱是顽石卓立，四面抖绝，止东南崖壁之下一条线路可通。贼又将木石堆积崖上，只等我兵到时，发石滚木，百无一全。先生传选精锐七百人，将所获贼人号衣穿着，假作奔溃之贼，乘夜直冲崖下涧道而过。贼认做各巢败散之党，于崖上招呼。我兵亦佯与呼应，贼遂不疑。我兵已度险，遂扼断其后路。

次日黎明，我兵放起炮来，贼方知是官军并势来攻。我兵所据，反在贼崖上面。从上击下，贼不能支，遂退。高飞甲与池仲安商议，分队潜遁。先生预令各哨官兵四路埋伏，贼遇伏辄败，又杀五百余人。池仲安中箭而死。高飞甲率残党三百余人，分逃上下坪、黄田坳等处。各哨官兵复约会搜捕，见贼便杀，高飞甲亦为守备郏文所斩。有名贼徒剿灭殆尽，惟张仲全等二百余人，聚于九连谷口，呼号痛哭，自言："本是龙川良民，被池仲容等迫胁在此，与他搬运木石。只因贪恋残生，受其驱役，并不曾见阵厮杀，求开生路。"

先生遣报效生员黄表往验，果然俱是老弱，且从贼未久，其情可怜。乃使赣州邢知府往抚其众，籍其名数，安插于白沙地方，复为良民。[27]

此番用兵，自正月初七日起，至三月初八日止，通计两月内：

捣过巢穴三十八处，
斩大贼首二十九名颗，
次贼首三十八名颗，
从贼二千零六名颗，
俘获贼属男妇八百九十名口，
夺获牛马一百二十二只匹，

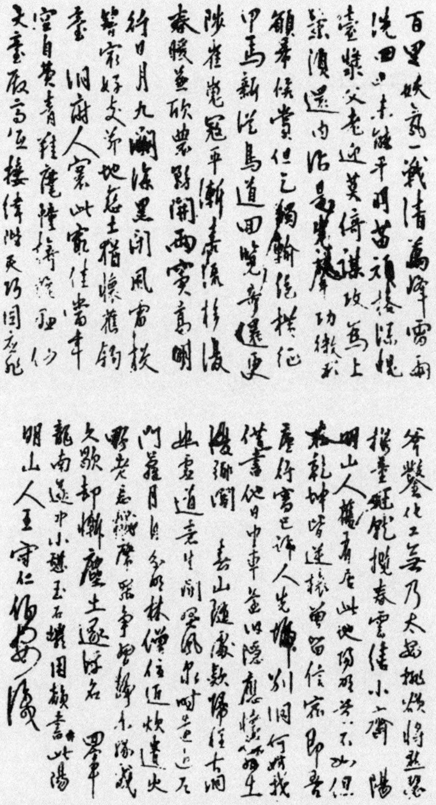

回军龙南诗

百里妖氛一战清，万峰雷雨洗回兵。
未能干羽苗顽格，深愧壶浆父老迎。
莫倚谋攻为上策，须还内治是先声。
功微不愿封侯赏，但乞蠲输绝横征。
甲马新从鸟道回，览奇还更陟崔嵬。
寇平渐喜流移复，春暖兼欣农务开。
两窦高明行日月，九关深黑闭风雷。
投簪最好支茅地，恋土犹怀旧钓台。
洞府人寰此最佳，当年空自费青鞋。
麾幢旖旎悬仙仗，台殿高低接纬阶。
天巧固应非斧凿，化工无乃太安排？
欲将点瑟携童冠，就揽春云结小斋。
阳明山人旧有居，此地阳明景不如。
但在乾坤皆逆旅，曾留信宿即吾庐。
行窝已许人先号，别洞何妨我借书。
他日巾车还旧隐，应怀兹土复乡闾。
春山随处款归程，古洞幽虚道意生。
涧壑风泉时远近，石门萝月自分明。
林僧住久炊遗火，野老忘机罢席争。
习静未缘成久歇，却惭尘土逐虚名。
回军龙南道中，小憩玉石岩，用韵书此，阳明山人王守仁伯安识。

器械赃仗二千八百七十件，

赃银七十两六钱六分。

先生上疏奏捷，请于和平峒添设县治，以扼三省之冲。得旨，准添设，名和平县。[28]

升先生都察院右副都御史，荫一子锦衣卫，世袭千户。辞免，不允。时正德十三年也。[29]

诸贼既平，地方安靖，乃得专意于讲学。大修濂溪书院，将《古本大学》《朱子晚年定论》付梓，凡听教者悉赠之。[30]时门人徐爱亦举进士，刻先生平昔问答行于世，命曰《传习录》。[31]海内读其书，无不想慕其人也。江西名士邹守益等执贽门下，[32]生徒甚盛。

先生尝论三教同异，曰：

仙家说到虚，圣人岂能于虚上加一毫实？佛家说到无，圣人岂能于无上加一毫有？但仙家说虚，从养生来；佛家说无，从出离生死苦海来，却于本体上加却这些子意在。良知之虚，便是天之太虚；良知之无，便是太虚之无形。日月风雷、山川民物，凡有象貌形色，皆在太虚无形中发用流行，未尝为天障碍。圣人只是顺其良知之发用，天地万物皆在于我。[33]

十四年己卯，先生至虔台，作《三箴》自儆。[34]干戈倥偬中，日出射圃切磋歌诗习射，若事无。[35]门人王思、李中、邹守益、郭持平、杨凤、杨鸾、梁焯及冀元亨等偕至军中。致书杨士德、薛尚谦曰："破山中贼易，破心中贼难。区区剪除草窃，何足为异？诸君扫荡心腹之寇，以收廓清平定，此诚大丈夫不世伟绩！"[36]

正是：

道在将兴逢圣世，
文当未丧出明师。
人人有个良知体，
不遇先生总不知。

注释

[1]

据正德十年（1515）八月《乞养病疏》："顷来南都，寒暑失节，病遂大作。且臣自幼失母，鞠于祖母岑，今年九十有六，耄甚不可迎侍，日夜望臣一归为诀。臣之疾痛，抱此苦怀，万无生理。"（《王阳明全集》卷九，第325页。）又据正德十一年（1516）十月时升南赣佥都御史作《辞新任乞以旧职致仕疏》："臣自幼失慈，鞠于祖母岑，今年九十有七，旦暮思臣一见为诀。去岁乞休，虽迫疾病，实亦因此。臣敢辄以蝼蚁苦切之情控于陛下，冀得便道先归省视岑疾，少伸反哺之私，以俟矜允之命。臣衷情迫切，不自知其触昧条宪。臣不胜受恩感激，渎冒战惧，哀恳祈望之至！"（《王阳明全集》卷九，第330页。）

[2]

阳明正德十一年（1516）十月，归省至越时，王思舆语季本曰："阳明此行，必立事功。"本曰："何以知之？"曰："吾触之不动矣。"（《年谱》，《王阳明全集》卷三十三，第1365页。）

[3]

此事见《年谱》，《王阳明全集》卷三十三，第1366页。

[4]

此事见《年谱》，《王阳明全集》卷三十三，第1366页。

[5]

《十家牌法告谕各府父老子弟》《案行各分巡道督编十家牌》，《王阳明全集》卷十六，第587—590页。

[6]

据《选拣民兵》："夫事缓则坐纵乌合，势急乃动调狼兵，一皆苟且之谋，此岂可常之策？古之善用兵者，驱市人而使战，假闾戍以兴师。岂以一州八府之地，遂无奋勇敢战之夫？事豫则立，人存政举。”“为此案仰四省各兵备官，于各属弩手、打手、机快等项，挑选骁勇绝群、胆力出众之士，每县多或十余人，少或八九辈；务求魁杰异材，缺则悬赏召募。大约江西、福建二兵备，各以五六百名为率；广东、湖广二兵备，各以四五百名为率。中间若有力能扛鼎、勇敌千人者，优其廪饩，署为将领。召募犒赏等费，皆查各属商税赃罚等银支给。”“所募精兵，专随各兵备官屯扎，别选素有胆略属官员分队统押。”“则各县屯戍之兵，既足以护防守截；而兵备募召之士人，可以应变出奇。”（《王阳明全集》卷十六，第585—586页。）

[7]

王阳明少年时便留意八阵图，据黄绾《阳明先生行状》，“钦差督造威宁伯王公坟于河间，驭役夫以什伍之法，暇即演八阵图，识者已知其有远志。”（《王阳明全集》卷三十八，第1556页。）

[8]

“纪庸”，应为“纪镛”，见《闽广捷音疏》，《王阳明全集》卷九，第336页。

［9］

据《剿捕漳寇方略牌》："于公文至日，便可扬言。本院新有明文，谓：天气向暖，农务方新，兼之山路崎险，林木蓊翳，若雨水洊至，瘴雾骤兴，军马深入，实亦非便。莫若于要紧地方，量留打手机兵，操练隄备。其余军马，逐渐抽回；待秋收之后，风气凉冷，然后三省会兵齐进。或宣示远近，或晓谕下人，此声既扬，却乃大飨军士，阳若犒劳给赏，为散军之状；实则感激众心，作兴士气。"（《王阳明全集》卷十六，第591页。）

［10］

据《钦奉敕谕切责失机官员通行各属》："参看各官顿兵不进，致此败衄，显是不奉节制，故违方略，正宜协愤同奋，因败求胜，岂可辄自退阻，倚调狼兵，坐失机会。"（《王阳明全集》卷十六，第599页。）又据《案行漳南道守巡官戴罪督兵剿贼》："今据前因，参照指挥高伟既奉差委督哨，自合与覃桓等相度机宜，协谋并进；若乃孤军轻率，中贼奸计，虽称督兵救援，先亦颇有斩获，终是功微罪大，难以赎准。广东通判陈策，指挥黄春，千百户陈洪、郑芳等，既与覃桓等面议夹攻，眼见摧败，略不应援，挫损军威，坏事非细，俱属违法。各该领兵守备、兵备、守巡等官，督提欠严，亦属有违，合就通行参究；但在紧急用人之际，姑且记罪，查勘督剿。”（《王阳明全集》卷十六，第594页。）

[11]

参见《回军上杭》《喜雨三首》，《王阳明全集》卷二十，第821—822页；《时雨堂记》，《王阳明全集》卷二十三，第994页；《书察院行台壁》，《王阳明全集》卷二十四，第1010页。

[12]

《兵符节制》，《王阳明全集》卷十六，第601—602页。据《管子》："管子对曰：'昔者，圣王之治其民也，参其国而伍其鄙，定民之居，成民之事，以为民纪，谨用其六秉，如是而民情可得，而百姓可御。'桓公曰：'六秉者何也？'管子曰：'杀、生、贵、贱、贫、富，此六秉也。'桓公曰：'参国奈何？'管子对曰：'制国以为二十一乡，商工之乡六，士农之乡十五。公帅十一乡，高子帅五乡，国子帅五乡，参国故为三军。公立三官之臣，市立三乡，工立三族，泽立三虞，山立三衡。制五家为轨，轨有长。十轨为里，里有司。四里为连，连有长。十连为乡，乡有良人。三乡一帅。'桓公曰：'五鄙奈何？'管子对曰：'制五家为轨，轨有长。六轨为邑，邑有司。十邑为率，率有长。十率为乡，乡有良人。三乡为属，属有帅。五属一大夫，武政听属，文政听乡，各保而听，毋有淫佚者。'"（《小匡第二十》，《管子》卷八。）

[13]

据《申明赏罚以励人心疏》："特敕兵部俯采下议，特假臣等令旗令牌，使得便宜行事。如是而兵有不精，贼有不灭，臣等亦无以逃其死。"（《王阳明全集》卷九，第345页。）据《攻治盗贼二策疏》："乞要申明赏罚，假臣等令旗令牌，使得便宜行事，庶几举动如意，而事功可成。"（《王阳明全集》卷九，第349页。）阳明请示王琼："惟望老先生授之以成妙之算，假之以专一之权，明之以赏罚之典。生虽庸劣，无能为役，敢不鞭策驽钝，以期无负推举之盛心。"（《与王晋溪司马》，《王阳明全集》卷二十七，第1104页。）

[14]

《添设清平县治疏》,《王阳明全集》卷九,第353—356页。

[15]

阳明提督军务、给旗牌,得以应对随时可能出现的宁藩叛乱:“先宁藩之未变,朝廷固已阴觉其谋,故改臣以提督之任,假臣以便宜之权,使据上游以制其势。故臣虽仓卒遇难,而得以从宜调兵,与之从事。当时帷幄谋议之臣,则有若大学士杨廷和等,该部调度之臣,则有若尚书王琼等,是皆有先事御备之谋,所谓发纵指示之功也。”(《辞封爵普恩赏以彰国典疏》,《王阳明全集》卷十三,第503页。)

[16]

《谕俗四条》,《王阳明全集》卷二十四,第1010—1011页。

[17]

据《训蒙大意示教读刘伯颂等》:“大抵童子之情,乐嬉游而惮拘检,如草木之始萌芽,舒畅之则条达，摧挠之则衰痿。今教童子，必使其趋向鼓舞，中心喜悦，则其进自不能已。譬之时雨春风，沾被卉木，莫不萌动发越，自然日长月化；若冰霜剥落，则生意萧索，日就枯槁矣。故凡诱之歌诗者，非但发其志意而已，亦所以泄其跳号呼啸于咏歌，宣其幽抑结滞于音节也；导之习礼者，非但肃其威仪而已，亦所以周旋揖让而动荡其血脉，拜起屈伸而固束其筋骸也。"（《王阳明全集》卷二，第99页。）

［18］

据《横水桶冈捷音疏》："议得桶冈、横水、左溪诸贼，荼毒三省，其患虽同，而事势各异。以湖广言之，则桶冈诸巢为贼之咽喉，而横水、左溪诸巢为之腹心；以江西言之，则横水、左溪诸巢为贼之腹心，而桶冈诸巢为之羽翼。今不先去横水、左溪腹心之患，而欲与湖广夹攻桶冈，进兵两寇之间，腹背受敌，势必不利。今议者纷纷，皆以为必须先攻桶冈，而湖广克期乃在十一月初一日，贼见我兵未集，而师期尚远，且以为必先桶冈，势必观望未备。今若出其不意，进兵速击，可以得志。已破横水、左溪，移兵而临桶冈，破竹之势，蔑不济矣。"（《王阳明全集》卷十，第381页。）

[19]

参见《征剿横水桶冈分委统哨牌》,《王阳明全集》卷十六,第609—616页。其中“石人坑”应为“石坑”;“黄雀坳”应为“黄径坳”。

[20]

阳明在战场上表现出超常的精力,据后学所言,与其有特殊的休养生息的方法有关。王慎中问王畿:“先师在军中四十日未尝睡,有诸?”王畿曰:“然。此原是圣学。古人有息无睡,故曰:‘向晦入燕息。’世人终日扰扰,全赖后天渣滓厚味培养,方彀一日之用。夜间全赖一觉熟睡方能休息。不知此一觉熟睡,阳光尽为阴浊所陷,如死人一般。若知燕息之法,当向晦时,耳无闻,目无见,口无吐纳,鼻无呼吸,手足无动静,心无私累,一点元神,与先天清气相依相息,如炉中种火相似,比之后天昏气所养,奚啻什百。是谓通乎昼夜之道而知。”(《三山丽泽录》,《王畿集》卷一,凤凰出版社,2007年,第13页。)

[21]

参见《年谱》,《王阳明全集》卷三十三,第1376页。

[22]

参见《浰头捷音疏》,《王阳明全集》卷十一,第400—401页。

[23]

“牛马驴一百八只”,应为“牛马骡六百八只匹”。参见《横水桶冈捷音疏》,《王阳明全集》卷十,第387页。另据《平茶寮碑》:“凡破巢八十有四,擒斩三千余,俘三千六百有奇。释其胁从千有余众,归流亡,使复业。”(《王阳明全集》卷二十五,第1043—1044页。)

[24]

“九十三人”应为“四十余人”,参见《浰头捷音疏》,《王阳明全集》卷十一,第402页。另见《平浰头碑》:“丁未,破三浰,乘胜归北。大小三十余战,灭巢三十有八,俘斩三千余。”(《王阳明全集》卷二十五,第1044页。)

[25]

阳明征剿横水、桶冈、浰头时,是带病上阵的。据正德十三年(1518)《乞休致疏》:“自去岁二月往征闽寇，五月旋师；六月至于九月，俱有地方之警；十月攻横水，十一月破桶冈，十二月旋师；未几，今年正月又复出剿浰贼。前后一岁有余，往来二三千里之内，上下溪涧，出入险阻，皆扶病从事。”“但惟臣病月深日亟，百疗罔效，潮热咳嗽，疮疽痈肿，手足麻痹，已成废人。”(《王阳明全集》卷十一，第392—393页。)

[26]

参见《浰头捷音疏》，《王阳明全集》卷十一，第402—403页。

[27]

参见《犒赏新民牌》，《王阳明全集》卷三十，第1198 1199页；《浰头捷音疏》，《王阳明全集》卷十一，第405页。

[28]

参见《添设和平县治疏》，《王阳明全集》卷十一，第407—412页；《再议平和县治疏》，《王阳明全集》卷十一，第423—426页。按：和平县后改称平和县。

[29]

参见《辞免升荫乞以原职致仕疏》,《王阳明全集》卷十一,第417—419页。正德十四年正月十四日再上《乞放归田里疏》,恳请致仕,均未允。(《王阳明全集》卷十一,第431—433页。)

[30]

《大学古本序》作于正德十八年戊寅(1518)。(《王阳明全集》卷七,第270—271页。)据《朱子晚年定论》序,该文作于正德(1515)乙亥冬十一月。(《王阳明全集》卷三,第145页。)

[31]

徐爱为正德三年(1508)进士,自正德七年开始记录阳明讲学语录,正德十三年(1518)卒。据《年谱》,正德十三年,“八月门人薛侃刻《传习录》。侃得徐爱所遗《传习录》一卷,序二篇,与陆澄各录一卷,刻于虔”。(《王阳明全集》卷三十三,第1385页。)

[32]

正德六年辛未(1511),邹守益“会试第一。先是,文成王公移令庐陵，先生慕而谒之，一见期许。是岁，王公以吏部主事司分校”，“遂冠南宫”。正德十四年己卯（1519），邹守益“就质王公于虔台”，王阳明为其开示：“致知者，致吾心之良知于事事物物也。致吾心之良知于事事物物，则事事物物皆得其理矣。独即所谓良知也。慎独者，所以致其良知也。戒谨恐惧，所以慎其独也。《大学》《中庸》之旨一也。”邹守益豁然有悟，遂执贽师事焉。（耿定向《东廓邹先生传》，《耿天台先生文集》卷十四，明万历刻本，第10—11页。）

［33］

《传习录下》，《王阳明全集》卷三，第121页。阳明与仙家亦有一则传奇，据《虔台梦》：“阳明先生在赣州，都府军令甚严，宿卫之士无敢偶语离次者。一夕，于中夜，卫士偶见府门洞开，有一道流自外至，长髯蕉扇，俨如洞宾。一童子执纱灯前导以入，门复闭。久之，开门送出，长揖别去，甚速，不知所之。见者惊愕，门如故。天明，遂相传言。自守巡以下皆知之。已而守巡入揖，先生遂自言梦纯阳真人来访，‘吾问：“如何谓之仙？”彼曰：“非儒之至者，不足以称真仙。”吾又问：“如何谓之儒？”曰：“非仙之至者，不足以言真儒。”良久别去。’守巡乃敢言夜来卫士所见，始知纯阳之果至也。”（董榖《碧里杂存》，第15页。）

[34]

《三箴》，见《王阳明全集》卷二十五，第1046—1047页。

[35]

“读书讲学，此最吾所宿好，今虽干戈扰攘中，四方有来学者，吾亦未尝拒之。”（《赣州书示四侄正思等》，《王阳明全集》卷二十六，第1088页。）

[36]

《与杨仕德薛尚谦》，《王阳明全集》卷四，第188页。此书作于正德十二年（1517）。

肆

靖宁藩乱

臞仙传惠王，惠王传靖王，靖王传康王。康王中年无子，悦院妓冯针儿，留侍宫中，呼为冯娘娘。针儿有娠，康王梦蟒蛇一条，飞入宫中。

话分两头。却说江西南昌府宗藩宁王，乃是太祖高皇帝第十七子，名权，初封大宁，因号宁王。高皇帝诸子中，只有燕王善战，宁王善谋，故封于北边，以捍御北虏。后燕王将起兵靖难，以大宁降胡所聚，以计劫宁王，与之同事，富贵共之。后燕王既登大宝，改元永乐，是为成祖文皇帝。以大宁故地，置朵颜三卫，欲封宁王于川广。宁王自择苏、杭二处请封，文皇帝不许。宁王大恚，遂出飞旗，令有司治驰道。文皇怒，宁王不自安，屏去从人，独携老监数人，自南京竟走至江西省城，称病，卧于城楼之上。布按三司奏闻，文皇帝不得已，以南昌封之，仍号宁王。数传至于臞仙，修真好道，礼贤下士，号为贤藩。

臞仙传惠王，惠王传靖王，靖王传康王。康王中年无子，悦院妓冯针儿，留侍宫中，呼为冯娘娘。针儿有娠，康王梦蟒蛇一条，飞入宫中，将一宫之人登时啖尽，又张口来啮康王。康王大叫一声，猛然惊醒，侍儿报冯娘娘已生世子矣。康王恶其不祥，命勿留养，遂匿于优人秦荣之家。既长，归宫，康王心终不喜，临薨时，不令入诀。[1]

濠性聪慧，通诗史，善为歌词，然轻佻无威仪，喜兵嗜利。既袭位，愈益骄横。术士李自然言其有天子骨相，渐有异志。辇金于都下，先结交内侍李广。正德初，又结交刘瑾等八党，为之延誉。又贿买诸生，举其孝行，朝廷赐玺书褒奖。

又谋广其府基，故意于近处放火延烧，假意救灭，拆毁其房，然后抑价以买其地。又置庄于赵家园地方，多侵民业，民不能堪。每收租时，立寨聚众相守。又畜养大盗胡十三、凌十一、闵廿四等，于鄱阳湖中劫掠客商货物，预蓄军资。[2]

先是，胡世宁为江西兵备副使，洞察其恶，乃上疏奏闻，语甚激切。宸濠亦奏世宁离间骨肉，辇金遍赂用事太监及当道大臣。都察院副都御史从兰尤与濠密，反劾世宁狂率，拿送锦衣卫，谪戍沈阳，于是宸濠得志。凡仕江右者，俱厚其交际之礼，朝中权贵无不结交。

又这人于各处访求名士，聘为门客。锦衣千户朱宁者，小名福宁儿，云南李巡简家生子也。太监钱能镇守云南，因以为养子，名钱宁。因刘瑾得引见武宗皇帝，伏侍踢毬，以柔佞得幸，赐姓朱，冒功拜官。宁转荐伶人臧贤，亦得宠。二人招权纳贿，家累巨万，宸濠俱结为心腹。武宗皇帝屡幸臧贤之家，贤于家中造成复壁，外为木橱，橱门用锁，门内潜通密室。每每驾到，预藏宁府使者于复壁中窃听，一言一动，无不悉知。

安福县举人刘养正，字子吉，幼举神童，既中举不第，不复会试，制隐士服，以诗文自高。三司抚按折节其门，以得见为幸。濠以厚币招致，岁时馈问不绝，遂与濠昵。

李士实由翰林官至侍郎致仕，与濠为儿女亲家。士实颇有权术，以姜子牙、诸葛孔明自负，濠用为谋主。

又以丞奉刘吉、术士李自然、徐卿等，党与甚众。因武宗皇帝无子，濠谋以其子二哥为皇嗣。朱宁、臧贤与诸大阉力任其事。朝中六部九卿、科道官员亦多有为之左右者，因其事重大，未敢发言。

李士实为濠谋，通于兵部尚书陆完，题复宁府护卫，一面使南京镇守太监毕真倡率南边官员人等，保举宁王孝行。及陆完改吏部，王琼代为兵部尚书。琼策濠必反，谓陆完曰："祖宗革去护卫，所以杜藩王不轨之谋，正是保全他处。宁王再二要复护卫，不知他要兵马何用？异日恐有他变，必累及公矣。"

陆完大悔，写书于濠，欲其自以己意缴还护卫。濠不从，借护卫为名，公然招募勇健，朝夕在府中使枪弄棒。

先生闻濠反谋，乃因其贺节之礼，使门人冀元亨往谢。元亨字惟乾，钱塘举人，为人忠信可托。先生聘为公子正宪之师，故特遣行，使探听宁王举动。

却说宸濠有意结交先生，闻元亨是先生门人，甚加礼貌，渐渐言及于外事。元亨佯为不知，与谈致知格物之学，欲以开导宁王，止其邪心。

牛头不对马嘴，亦见元亨迂腐一斑。若阳明处此，必别有一番化导开发处。

濠大笑曰："人痴乃至此耶！"立与绝。

元亨归赣，述于先生。

先生曰："汝祸在此矣。汝留此，宁王必并媒孽*及我。"

遂遣人卫之归家。[3]

再说宁府典宝阎顺、内官陈宣、刘良，见濠所为不法，私诣京师出首。朱宁与陆完隐其事，使人报濠。濠疑承奉周仪所使，假装强盗，尽杀其家，又杀典仗查武等数百人。

---

* "媒孽"，媒为酒母，孽为曲。酝酿之意，比喻构陷诬害，酿成其罪。出自《汉书·司马迁传》："今举事一不当，而全躯保妻子之臣随而媒孽其短，仆诚私心痛之。"臣瓒曰："媒谓遘合会之，孽谓为生其罪衅也。"颜师古曰："媒如媒娉之媒，孽如曲孽之孽。一曰齐人谓曲饼为媒也。"（《汉书》卷六十二，中华书局，1962年，第2729—2731页。）

复辇金京师，遍赂权要，求杀阎顺等。顺等亡命远方，乃免。于是，逆谋益急。

宁王之妃娄氏，素有贤德。*生下三子，大哥、三哥、四哥，宁王最敬重之。娄妃察宸濠有不轨之志，乃于饮宴中间，使歌姬进歌劝酒，欲以讽之，曲名《梧叶儿》，云：

争甚么名和利？
问甚么咱共伊？
一霎时转眼故人稀，
渐渐的朱颜易改，
看看的白发来催，
提起时好伤悲。
赤紧的可堪，
当不住白驹过隙。

宸濠听此词，有不悦之色。

娄妃问曰："殿下对酒不乐，何也？"

宸濠曰："我之心事，非汝女流所知。"

* 娄妃为阳明的启蒙老师娄谅之女，据《年谱》："娄为谅女，有家学，故处变能自全。"（《王阳明全集》卷三十四，第1398页。）据江西出土的娄性的墓碑铭文《南京武库清司郎中致仕进阶朝列大夫娄君墓志铭》，娄谅有子娄性，娄性"长女为宁国妃"，将此可知娄妃为娄谅的孙女。娄性与王阳明之父王华交厚，娄性的墓志铭由王华撰写。

娄妃陪脸笑曰："殿下贵为亲王，锦衣玉食，享用非常。若循理奉法，永为国家保障，世世不失富贵。此外，更有何心事？"

宸濠带了三分酒意，叹口气道："汝但知小享用之乐，岂知有大享用之乐哉？"

娄妃曰："愿闻如何是大享用、小享用。"

宸濠曰："大享用者，身登九五之尊，治临天下，玉食万方。吾今位不过藩王，治不过数郡，此不过小享用而已，岂足满吾之愿哉？"

娄妃曰："殿下差矣！天子总揽万几，晏眠早起，劳心焦思，内忧百姓之失所，外愁四夷之未服。至于藩王，衣冠宫室，车马仪仗，亚于天子，有丰享之奉，无政事之责，是殿下之乐过于天子也。殿下受藩镇之封，更思越位之乐。窃恐志大谋疏，求福得祸，那时悔之晚矣！"

宸濠勃然变色，掷杯于地而起。有诗为证：

造谋越位费心机，
逆耳忠言苦执迷。
天位岂容侥幸取？
一朝势败悔时迟。

娄妃复戒其弟娄伯将，勿从王为逆。伯将亦不听。宸濠起造阳春书院，僭号离宫，用酖酒毒死巡抚王哲，守臣无不悚惧。讽有司参谒，俱用朝服。各官惧其势焰，亦多从之。时鄱阳湖中屡屡失盗，尽知是宁府窃养，吞声莫诉。娄妃屡谏，不听。

兵部尚书王琼预忧其变，督责各抚臣，训兵修备。又以承奉周仪等之死，责江西抚臣严捕盗贼。南昌府获盗一伙，内有凌十一。有人认得是宁府中亲信之人，抚台孙燧密闻于王琼，宸濠使其党于狱中强劫以去。叛谋益急，约定八月乡试时，百官皆进科场，然后举兵。

王琼闻凌十一被劫，怒曰："有此贼，正好做宁府反叛证见，如何容他劫去了？"

责令有司，立限缉获。

濠恐事泄，复讽南昌诸生，颂己贤孝，迫挟抚按具奏，为之解释。

按察副使许逵劝发兵围宁府，搜获劫盗，若拿出一二人，究出谋叛之情，请旨迫夺，免得养成其患。燧犹豫不决，被濠屡次催促，巡抚孙燧不得已，随众署名，乃别奏濠不法事，列款有据。濠亦虑及此，预布心腹勇健，假装响马于北京一路，但有江西章奏，尽行劫去。

燧七次奏本，都被拦截，不得上闻，止有保举孝行的表章。濠使心腹林华同赍上京，直达天聪。

时江彬新得宠幸，冒功封平虏伯。太监张忠与朱宁有隙，遂附江彬，每欲发宁王之事，以倾朱宁，未得其便。及保奏表至，武宗皇帝问于张忠曰：“保官好升他官职，保亲王意欲何为？”

忠对曰：“王上更无进步，其意未可测也。”

先是，宸濠结交臧贤，伪使伶人秦荣就学音乐，谢以万金及金丝宝壶一把。忽一日，武宗皇帝驾幸臧贤家，贤注酒献上。武宗皇帝见壶，惊曰：“此壶光泽巧丽，我宫中亦无此好物，汝何从得此？”

臧贤恃上之爱宠，且欲表宸濠之情，遂以实对曰：“不敢隐瞒，赖万岁洪福，此乃宁殿下所赐也。”

武宗皇帝曰：“宁叔有此好物，何不献我，乃赐汝耶？”

其时，优人中有小刘者，亦新得宠，独未得濠贿赂，心中怏怏。及大驾回宫，又夸金壶之美。

小刘笑曰：“宁殿下不思爷爷物足矣，爷爷尚思宁殿下乎？昨保举贤孝，爷爷岂遂忘之？今朱宁、臧贤日夕与宁府交通，所得宝货无算，藏纳奸细于京中，不计其数。外人无不知，独爷爷不知耳。”

武宗皇帝遂疑臧贤。有旨，遣太监萧疏搜索贤家。又降旨：各藩使人，无事不许擅留京师。试御史萧淮遂直攻宁王，并参李士实、毕真等。给事中徐之鸾、御史沈灼等连章复上，朝廷准奏。念亲亲之情，不忍加兵，遣驸马都尉崔元、都御史颜颐寿及太监赖义往谕，革其护卫。

宁府心腹林华先在复壁中，听知金壶之语，用心打探。

及闻京师挨缉奸细，又有诏使遣至江西，遂于会同馆取快马，昼夜奔驰，在路才十八日，便至南昌。

其日乃是六月十三日，正宸濠诞辰，诸司入贺，濠张宴款待。林华候至席散，方才禀奏。

濠谓李士实、刘养正等曰："凡抄解宫眷，始用驸马亲臣。今诏使远来，事可疑矣。若待科场之事，恐诏使先到，便难措手，今当如何？"

养正曰："事急矣！明旦，诸司谢酒，便当以兵威胁之。"

士实曰："须是假传太后密旨，如此恁般，方好。"

商量停当，时闵廿四、凌十一、吴十三等，亦以贺寿毕集。夜传密信，令各饬兵伺候。

及旦，诸司入谢，礼毕。濠出坐，立于露台之上，诈言于众曰："昔孝宗皇帝为太监李广所误，抱养民间子。我祖宗不血食者，今十四年矣。太后有密旨，命寡人发兵讨罪，共伸大义，汝等知否？"

巡抚孙燧挺身出曰："既然太后有旨，请出观之。"

濠大声曰："不必多言！我今往南京去，汝愿保驾否？"

燧曰："天无二日，民无二王，这才是大义，此外非某所知。"

濠戟手怒曰："汝既举保我孝行，如何又私遣人诬奏我谋为不轨？如是反覆，岂知大义？"

叱左右："与我绑了！"

按察副使许逵从下大呼曰："孙都御史乃钦差大臣，汝反贼敢擅杀耶？”

濠怒，喝令并缚之。

逵顾燧曰：“我欲先发，公不听我言。今果受制于人，尚何言哉？”

因大骂：“宸濠逆贼，今日汝杀我等，天兵一到，你全家受戮，只在早晚！”

濠令较尉火信拽出于惠民门，斩首示众。比及娄妃闻信，急使内侍传救，已无及矣。

阳明先生有《哭孙许二公诗》二首，其一云：

丢下乌纱做一场，
男儿谁敢堕纲常？
肯将言语阶前屈，
硬着肩头剑下亡。
万古朝端名姓重，
千年地里骨头言。[4]
史官谩把《春秋》笔，
好好生生断几行。

其二云：

天翻地覆片时间，

取义成仁死不难。
苏武坚持西汉节，
天祥不受大元官。
忠心贯日三台见，
心血凝冰六月寒。
卖国欺君李士实，
九泉相见有何颜？

时佥事潘鹏，自为御史时，先受宁王贿赂，与之交通。至是，率先叩头，呼万岁。参政王伦、季敩敩为南安知府，从先生平贼有功，升参政。惧祸，亦相继拜伏。布政使梁宸、按察使杨璋、副使唐锦、都指挥马骥，各各以目相视，不敢出声。

濠大喝曰："顺我者生，逆我者死！"

四人不觉屈膝。镇守太监王宏、巡按御史王金、奉差主事马思聪、金山、布政使胡濂、参政程杲、刘斐、参议许效廉、黄宏、佥事赖凤、佥书郏文、以指挥，从先生征贼有功，升今任。都指挥许清、白昂初皆不屈。濠令系狱三日，俟其改口愿附，方释之。惟马思聪与黄宏终不肯服，不食而死，真忠臣也。

濠即日伪置官属，以吉暨、涂钦、万锐等为御前太监，尊李士实为太师，刘养正为国师，刘吉为监军都御史，参政王纶授兵部尚书，季敩等各加伪职，大盗闵廿四、吴十三、凌十一等俱授都指挥等官。南昌知府郑瓛、知县陈大道俱愿降，复职管事如故。其时有瑞州知府，姓王，名以方，湖广黔阳人，素知宸濠必叛，练卒葺城，为守御计。宸濠慕其才能，屡次遣人送礼，欲招致之，以方拒而不受。至是，适有公事到于省城，逆党擒送宁府。宸濠命降，以方不从，系之于狱。

宸濠又传檄远近，革去正德年号，拟改“顺德”二字。只待南京正位，即便改元。又造伪檄，指斥乘舆，极其丑诋。时濠畜养死士二万，招诱四方盗贼渠魁四万余，又分遣心腹娄伯将、王春等，肆出收兵，合护卫党与并胁从之人，共六七万余人，军势甚盛。

又用江西布政司印信公文，差人遍行天下布政司，告谕亲王三司等官举兵之意，一面修理战具。此一场，闹动了江西省城百姓。后人有诗叹云：

宁藩妄想动兵戎，
枉使机关指日穷。
可叹古今兴废迹，
鄱阳湖水血流红。

是时，福州三卫军人进贵等聚众鼓噪，朝廷命阳明先生往勘。先生以六月初九日启行，亦要赶十三日与宁王拜寿，此乃是常规。临发时，参随官龙光等取敕印作一扛，留于后堂。轿出，仓卒封门，忘其所以。行至吉安，先生登崖取敕印，方省不曾带来，乃发中军官，转回赣州取扛，以此沿途迟留，待扛至方行。六月十四日午后，刚刚行至丰城，此正孙都堂、许副使遇害之日也。若非忘记敕印，迟此数日，亦在入谢班中，同与孙、许之难矣，岂非天乎？

正是万般皆是命，
果然半点不由人。

却说丰城县离省城仅一百二十里，宁王杀害守臣不过半日，便有报到丰城了。知县顾佖谒见先生，将省中之事禀知，兼述所传闻之语："宁府已发兵千余，邀取王都堂，未知果否？"

先生分付顾佖："你自去保守地方。那宁王反情，京师久已知道，不日大兵将至。可安慰百姓，不必忧虑，本院亦即日起兵来矣。"

顾佖辞去。

先生急召龙光，问曰："闻顾知县语否？"

光对曰："未闻。"

先生曰："宁王反矣。"

龙光惊得目睁口呆。

先生曰："事已至此，惟走为上策。自此西可入瑞州，到彼传檄起兵讨贼,别无他策。”

分付管船的快快转船,连夜行去。

艄子听说反了宁王,心胆俱裂,意不愿行,来禀道:“来时顺风顺水,今转去是上水,又是大南风,甚逆,难以移动。便要行,且待来早看风色如何。”

先生命取瓣香,亲至船头焚香,望北再拜,曰:“皇天若哀悯生灵,许王守仁匡扶社稷,愿即反风。若天心助逆,生民合遭涂炭,守仁愿先溺水中,不望余生矣。”

言与泪下,从者俱感动。祝罢,南风渐息。须臾,舸竿上小旗飘扬,已转北风。艄子又推天晚,不行。先生大怒,拔剑欲斩之,众参随跪劝,乃割其一耳。于是张帆而上。行不上二十里,日已西沉。

先生见船大行迟,使参随潜觅渔舟。先生微服过舟,惟龙光、雷济相从,止带敕印随身,其衣冠仪仗并留大船。分付参随萧禹在内,随后而至。渔舟惯在波浪出入,拽起蓬来,梭子般去了。[5]

却说宸濠打听南赣军门起马牌,是六月初六日发的。旧规三日前发牌,算定初九日准行,如何还不见到?难道径偷过了,或者半途晓得风声,走转去了,也不可知。此人是经济之才,若得他相助,大事可就。

遂分付内官喻才,以划船数十只追之,行至地名黄土脑,属丰城县。已及大船,拿住萧禹。

先生奉命查处福建乱军，以六初九发赣州，十五日至丰城黄土脑。知县顾佖遣史走报：宁府宸濠杀都御史孙燧、副使许逵，并缚各官，拘印信，放囚劫库，直取南京北上。先生吁于天，誓死讨贼。祷北风，风果北，觅渔舟以遁。濠兵追之不及。

禹曰:"王都爷已去久矣,拿我何益?"

喻才乃取其衣冠,回复宁王去了。正是:

鳌鱼脱却金钩去,
摆尾摇头再不来。

先生乘渔舟,径至临江,有司俱不知。先生使龙光登崖,索取轿伞。临江知府戴德孺急来迎接,款留先生入城调度。

先生曰:"临江,大江之滨,与省城相近,且居道路之冲,不可居也。"

德孺曰:"闻宁王兵势甚盛,何以御之?"

先生曰:"濠出上策,乘其方锐之气,出其不意,直趋京师,则宗社危矣。若出中策,则径攻南京,大江南北,亦被其害。但据江西省城,则勤王之师四集,鱼游釜中,不死何为?此下策矣。"

德孺曰:"以老大人明见度之,当出何策?"

使已算定宁王了,办贼何有?

先生曰:"宁王未经战阵,中情必怯。若伪为兵部咨文:'发兵攻南昌。'彼必居守,不敢远出。旬日之间,王师四集,破之必矣!"

德孺请先生更船,先生辞之,止取黄伞以行。至新淦,于船中张伞。知县李美有将才,素练士卒,有精兵千余。

至是，来迎先生，固请登城。

先生曰："汝意甚善，然弹丸之地，不堪用武。"

李美具站船，先生始更舟，先后共行四昼夜，方至吉安。

知府伍文定闻先生至，大喜，急来谒见。先生欲暂回南、赣征兵。

伍文定曰："本府兵粮俱已勉力措置，亦须老大人发号施令，不必又回，稽误时日。"

绝妙一个大帮手。若暂回南赣，局面又当一变矣。

先生乃驻扎吉安。上疏告宁府之变，请命将出师，以解东西倒悬之苦。并请留两广差满御史谢源、任希儒军前纪功。一面请致仕卿官王懋中等，与知府伍文定及门人卿官邹守益等一同商议，遵便宜之制，传檄四方，暴濠之罪状，征各郡兵勤王。又遣龙光于安福，取刘养正家小至吉安城中，厚其供给，遗书养正，以疑宁贼之心。又访着李士实家属，谬托腹心，语之曰："吾只应敕旨聚兵为名而已，宁王事成败未卜，吾安得遽与为敌乎？"

王公精于用间。

又令参随雷济，假作南赣打来报单，内开报兵部准令：

许泰、郄永，分领边军四万，从凤阳；

刘晖、桂勇，分领京边官军四万，从徐、淮，水陆并进；

王守仁，领兵二万，

杨旦等，领兵八万，

陈金等，领兵六万，分道夹攻南昌。

原奉机密敕旨，各军缓缓而行，只等宸濠出城，前后遮击，务在必获。[5]

又伪作两广机密火牌，内云：

都御史颜咨奉兵部咨，率领狼达官兵四十八万，前往江西公干。

先生又自作文书，各处投递，说：

各路军马，俱于南昌取齐。本省各府县速调集军马，刻期接应。

又于丰城县张疑兵，作为接济官兵之状。又取新淦优人十余名，各将约会公文一角，并抄报，卑火牌缝于衣袂之中，厚赐路费，纵之南行，被宁府伏路小军所获，解至王府。

原来李士实、刘养正等果劝宸濠由蕲黄直趋北京，不然，亦须先据南京。根本既定，方可号召天下。宸濠初意欲听其谋，因搜优人身伴，见了督府公文，以为王师大集，

不出王公所料。

旦暮且至，遂不敢出城，但多备滚木礌石，为守城之计。

李士实复言于宸濠曰："朝廷方遣驸马，安得遽发边兵？此必守仁缓兵之计也。王负反叛之名，不务风驰雷击，而困守一隅，徐待四方兵集，必无幸矣。宜分兵一支，打九江府，若得此郡，内有二卫军，足可调用。再分兵一支，打南康府。殿下亲率大军，直趋南京，先即大位。天下之贪富贵者翕然来归，大业指日可定也。"

宸濠意尚犹豫，[6]一面打探官军消息，一面先遣闵廿四、吴十三等，各帅万人，夺官民船装载，顺流去打南康。知府陈霖遁走，城遂陷。进攻九江府，知府汪颖、知县何士凤及兵备副使曹雷亦遁，九江百姓开门以纳贼兵。闵廿四、吴十三分兵屯守，飞报捷音。

宸濠大喜，曰："出兵才数日，连得二郡，又添许多钱粮军马，吾事必成矣！"

遂遣贼将徐九宁守九江，陈贤守南康，俱冒伪太守之号。闵廿四、吴十三撤回，随大军征进。因遣使四出，招谕府属各县，降者复官如故。

恰好打探官军的回报道："火牌报单都是军门假造出来的，各路军马并无消息。王都堂安坐吉安府中，闻说已发牌属郡，约会军马，尚未见到。"

宸濠谓投降参政季敩曰："汝曾与王守仁同在军中，能为我往吉安，招降守仁，汝功不浅。"

季敩不敢推托，即同南昌府学教授赵承芳及旗较等十二人，赍伪檄榜文，来谕吉安府，并说先生归顺宁王。

先生先有文移：

> 各路领哨官把守信地，如有宁府人等经过，不拘何人，即行绑送军门勘究。

敩等行至墨潭地方，被领哨官阻住。

季敩喝曰："我乃本省参政，汝何人？敢来拦截。"

领哨官曰："到此何事？"

季敩曰："有宁府檄文在此。"

旗较将檄文牌面与领哨官观看，领哨官遂将旗较拿住，季敩慌忙回船逃去。

领哨官晓得参政是个大官，不敢轻动，止将旗较五名连檄榜解至军门来。

先生问："季敩何在？"

领哨官曰："已逃矣。"

先生叹曰："忠臣孝子与叛臣贼子，只在一念之间。季敩向日立功讨贼，便是忠臣；今日奉贼驱使，便是叛臣。为舜为跖，毫厘千里，岂不可惜？"

先生欲将旗较斩首，思量恐有用他之处，乃发临江府监候。遂将伪檄具疏驰奏。略曰：

陛下在位一年，屡经变难，民心骚动，尚尔巡游不已，致使宗室谋动干戈。且今天下之觊觎，岂特一宁王？天下之奸雄，岂特在宗室？言及至此，懔骨寒心。昔汉武帝有轮台之悔，而天下向治；唐德宗下奉天之诏，而士民感泣。伏望皇上痛自克责，易辙改弦，罢黜奸谀，以回天下豪杰之心；绝迹巡游，以杜天下奸雄之望，则太平尚可图。臣不胜幸甚！

知府伍文定请先生出兵征进，先生曰："彼气方锐，未可急攻。必示以自守不出之形，诱其离穴，然后尾其后而图之。先复省城，以捣其巢，彼闻，必回兵来援，我因邀而击之。兵法所谓致人而不致于人也。"

乃敛兵自守，使人打听南昌消息。

再说娄伯将回进贤家中募兵，知县刘源清捕而斩之，尽召城外巨室入城，垒其三门，誓众死守。又贼党有船数只，为首者自称七殿下，往龙津夺运船。驲丞孙天佑禀余干知县马津，津使率兵拒战，射杀数人，七殿下麾舟急退。又贼党袁义官自上流募兵百余，还过龙津，亦被天佑追杀，焚其船。濠怒，将先取进贤、余干，然后东下。

李士实曰："若大事既定，彼将焉逃？"

濠乃止。于是，二府之民不尽从贼，皆二县三人之力也。

再说季敩自墨潭逃回，来见宁王，述旗较被擒之事。宸濠大怒，乃问王守仁出兵消息。季敩惧罪，乃答曰："王守仁只可自守，安敢与殿下作敌？"

濠信之。

以王师未集，乃伏兵万余，命宜春王栱樤，同其子三哥、四哥，与伪大监万锐等，分付坚守省城，多设灰瓶、火炮、滚粪、石弩之类，又伏兵一枝于城外，以防突城。自与娄妃及世子大哥、宗室栱栟、刘养正、李士实、杨璋、潘鹏等，择七月初二日，发兵东下。伪封宗弟宸澅为九江王，使率百舟前导。

是早，宸濠入宫，请娄妃登舟。娄妃尚未知其意，问曰："殿下邀妾何往？"

宸濠曰："近日太后娘娘有旨，许各亲王往南京祭祖。我同汝一往，不久便回。"

娄妃半信半疑，只得随行。

濠登舟之时，设坛祭江，命斩端州知府王以方，以之代牲。方奠牲之时，几案忽折，以方头足自跳跃覆地，宸濠命弃之于江。

舟始发，天忽变，云色如墨，疾风暴雨，雷电大作。前舟宸澧被霆震而死，濠意不乐。

李士实曰："事已至此，殿下能住手否？天道难测，不足虑也。"

人心示儆〔如〕此，濠是〔时〕束身归罪，尚可自活，以骑虎不下，自取覆灭，愚哉！

濠素酒痛饮，即醉卧于椅上，梦见揽镜，其头尽白如霜，猛然惊醒。唤术士徐卿问之，卿叩首称贺曰："殿下贵为亲王，而梦头白，乃皇字也。此行取大位必矣！"

时兵众有六七万人，号为十万，尽夺官民船只装载，旌旗蔽江而下，相连六十余里，有诗为证：

杀气凄凄红日蔽，
金鼓齐鸣震天地。
艨艟压浪鬼神惊，
旌旆凌空彪虎聚。
流言管蔡似波翻，
争锋楚汉如儿戏。
难将人力胜天心，
一朝扫尽英雄气。

贼兵一路攻掠沿江各县，将及安庆，知降佥事潘鹏安庆人，先遣鹏持伪檄往安庆谕降。太守张文锦召都指挥杨锐问计，锐曰："王都堂前有牌面来，分付紧守信地，大兵不日且至。今潘鹏来谕降，当力拒之。”

正欲激逆濠之怒。

杨锐登城楼，谓潘鹏曰：“佥事乃国家宪臣，奈何为反贼奴隶传语？宁王有本事，来打安庆城便了。”

潘鹏曰：“汝且开城门，放我进来，有话商量。”

杨锐曰：“要开门，除是逆濠自来。”

遂弯弓搭箭，欲射潘鹏。潘鹏羞惭满面而退，回报宸濠。

宸濠怒曰：“谅一个安庆，有甚难打？”

李士实谏曰：“殿下速往南都正位，何愁安庆不下？”

宸濠默然。

船过安庆城下，杨锐曰：“若宁王直走南京，便成大势，当以计留之。”

守安庆，留宁王，全得杨锐力。后王公叙功疏，独不及锐，何耶？

乃建旗四隅，大书“剿逆贼”三字，濠闻而恶之。锐又使军士及百姓环立城头，辱骂：“宸濠反贼，不日天兵到来，全家剿灭！”千反贼万反贼的骂。

宸濠在舟中听得外面喧嚷，问其缘故。

潘鹏曰：“此即指挥杨锐使军民辱骂殿下。”

宸濠大怒曰：“我且攻下安庆，杀了杨锐，然后往南京未迟。”

潘鹏欲借宁贼以报锐仇，不知反中锐计也。

乃掠其西郭，遂围正观、集贤二门。濠乘黄舰，泊黄石矶，亲自督战。

安庆城池坚固，又兼张文锦和杨锐料理已久，多积炮石及守城之器。军卫卒不满百人，乘城者皆民兵，阖户调发，老弱妇女，亦令馈饷。登城者必带石块一二，石积如山。又暑渴，置釜于城上，煮茶以饮之。贼攻城，辄投石击之，或沃以沸汤，贼不敢近。贼拥云楼，瞯城中，将乘城，城中造飞楼数十，从高射贼，贼多死。夜复募死士缒城，焚其楼。贼又置云梯数十，广二丈，高于城外，蔽以板，前后有门，中伏兵。城上束藁沃膏，燃其端，俟梯至，投其中，燥木着火即燎，贼多焚死。锐又射书贼营，谕令解散。贼兵转相传语，多有逃去者。锐又募死士，夜劫其营，贼众大扰，至晓始定。

濠问篙工曰："此地何名？"

对曰："黄石矶也。"

"黄石矶"音声与"王失机"相近。濠恶其言，拔剑斩之，谓其徒曰："一个安庆，且不能克，安望金陵哉？"

于是亲自运土填堑，期在必克。

话分两头，再说先生所差探听南昌消息的，引着安庆逃回被掳船户，一同回报："打听得宁王于七月初二日起大兵，从水路而下，见今围住安庆城攻打，势甚危急。其南昌守备甚固，闻说城外又有伏兵，未知何处。"

先生发放船户，重赏探子，着再去打探伏兵的实信回话。

众将请救安庆。

先生曰："今九江、南康皆为贼所据，而南昌城中精悍尚且万余，食货重积。我兵若抵安庆，贼必回军死斗。安庆之兵仅足自守，必不能援我于湖中。南昌之兵绝我粮道，而九江、南康之贼合势挠摄，四方之援又不可望，大事去矣。今各郡官兵渐次齐集，先声所加，城中必已震慑。因而并力以攻省城，其势必下。既破南昌，贼先丧胆，彼欲归救根本，则安庆之围自解，而濠亦可擒矣。"

权衡利害，如指诸掌。此孙子救韩直走魏都之计。

遂以本月十三日，自吉安起马，与诸将刻期于十五日齐会于临江府漳滋地方。于是，各属府县兵将并至。初欲登台誓师，先生以积劳病发，勉强书一牌，呼知府伍文定、邢珣、徐琏、戴德孺四人授之。

牌上写云：

> 伍不用命者斩队将，队将不用命者斩副将，副将不用命者斩主将。

先生曰："军中无戏言。此是实语，不相诳也。"

文定等皆暗暗吐舌。大军行至丰城，南昌府推官徐文英因查盘在外，独不与难。奉新知县刘守绪皆引兵壮来会，悉留军前听用。先生病亦稍可，乃分军为十三哨，各示以进攻屯守之宜。

比出师，聚柴围公署。诸夫人问故。曰：“我若兵败，即以焚汝。”夫人惊泣，以大义折之而行。

第一哨：吉安府知府伍文定，统部下官军兵快四千四百二十一员名，进攻广润门；就留兵防守本门，直入布政司屯兵，分兵把守王府内门。

第二哨：赣州府知府邢珣，统部下官军兵快三千一百三十余员名，进攻顺化门；就留兵防守本门，直入镇守府屯兵。

第三哨：袁州府知府徐琏，统部下官军兵快三千五百三十员名，进攻惠民门；就留兵防守本门，直入按察司察院屯兵。

第四哨：临江府知府戴德孺，统部下官军兵快三千六百七十五员名，进攻永和门；就留兵防守本门，直入都察院提学分司屯兵。

第五哨：瑞州府通判胡尧元、童琦，统部下官军兵快四千员名，进攻章丘门；就留兵防守本门，直入南昌卫前屯兵。

第六哨：泰和县知县李缉，统部下官军兵快一千四百九十二员名，夹攻广润门；直入王府西门屯兵。

第七哨：新淦县知县李美，统部下官军兵快二千员名，进攻德胜门；就留兵防守本门，直入王府东门屯兵。

第八哨：中军赣州卫都指挥余恩，统部下官军兵快四千六百七十员名，进攻进贤门；直入都司屯兵。

第九哨：宁都县知县王天与，统部下官军兵快一千余员名，夹攻进贤门；就留兵防守本门，直入钟楼下屯兵。

第十哨：吉安府通判谈储，统部下官军兵快一千五百七十六员名，夹攻德胜门；直入南昌左卫屯兵。

第十一哨：万安县知县王冕，统部下官军兵快一千二百五十七员名，夹攻进贤门；就把守本门，直入阳春书院屯兵。

第十二哨：吉安府推官王暐，统部下官军兵快一千余员名，夹攻顺化门；直入南、新二县儒学屯兵。

第十三哨：抚州府通判邹琥、傅南乔，统部下官军三千余员名，夹攻德胜门；就留兵防守本门，随于城外天宁寺屯兵。[7]

先生分拨已定，期定十九日至市汊。二十日黎明，各至信地。临发，绑不用命者数人，斩首以狥，各军无不股慄。不知所斩者，乃密取临江府监候赍伪檄之旗校也。先

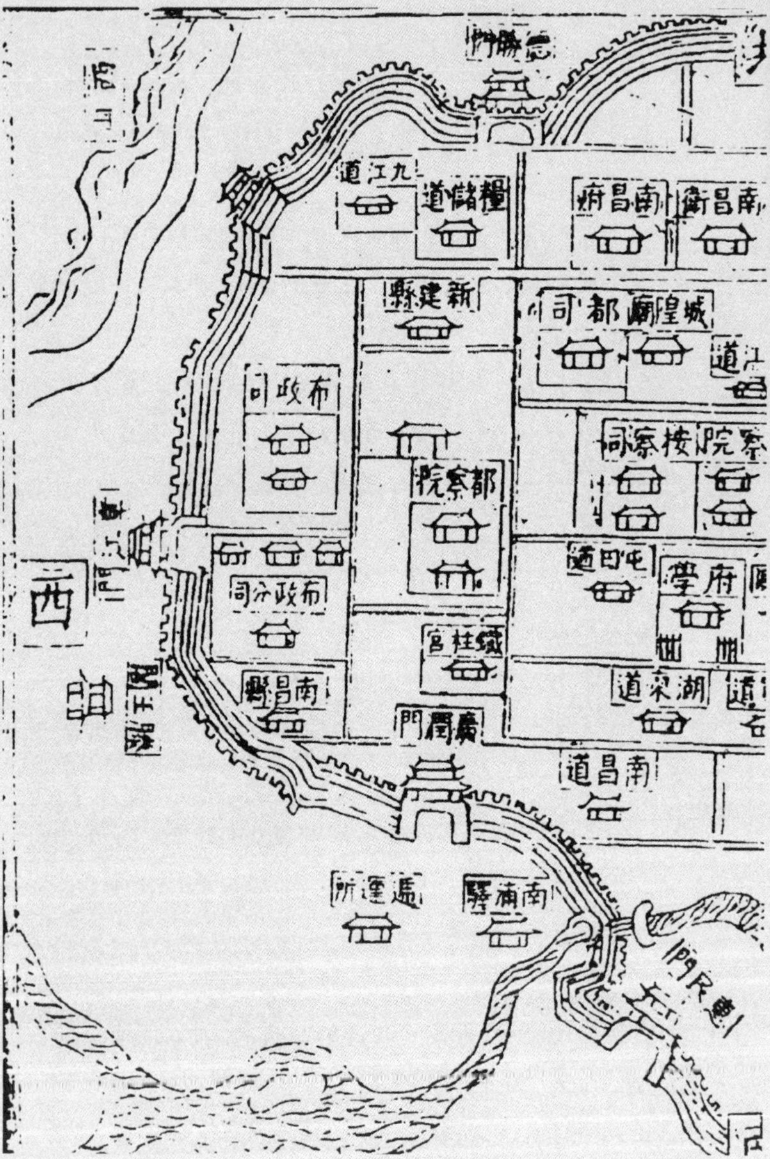
德勝門
九江道
糧儲道
南昌府
南昌衛
新建縣
城隍廟
都司
布政司
按察司
都察院
屯田道
府學
布政分司
鐵柱宮
南昌縣
廣潤門
南昌道
遞運所
南浦驛
章江門
西
滕王閣
惠民門

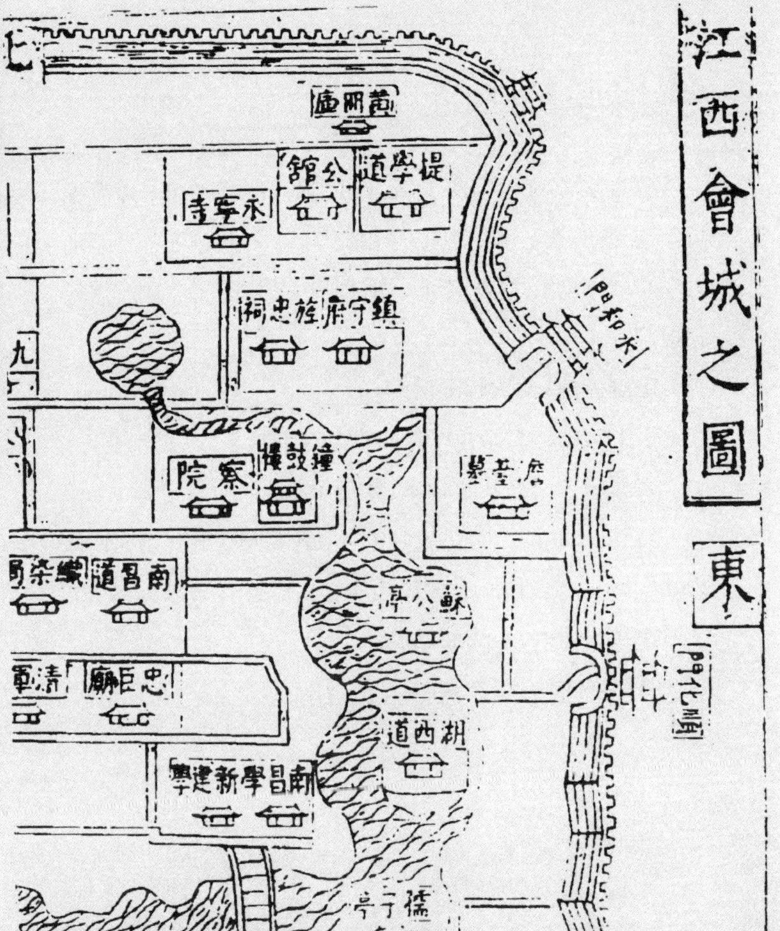
北
黄冊庫
提學道
公館
永寧寺
鎮守府
旌忠祠
鐘鼓樓
察院
南昌道
蘇公亭
忠臣廟
湖西道
順化門
南昌學
新建學
孺子亭
廣積倉
貢院
進賢門
東
南

江西會城之圖

生权术不测，类如此。

再说宸濠攻打安庆十有八日，城中随机应变，并无挫折。宸濠正在心焦，忽接得南昌告急文书，说："王都堂大军已至丰城，将及省下。城中军民震骇，乞作急分兵归援。"

宸濠大惊，便欲解围而归。

李士实曰："若殿下一回，则军心离矣。"

宸濠曰："南昌我之根本，如何不救？"

刘养正亦曰："今安庆音问不通，破在旦夕。得了安庆，以为屯止之所，然后调集南康、九江之兵，齐救省城，官军见我兵势浩大，不战而退矣。"

濠张目视曰："汝家属受王守仁供养，欲以南昌奉之耶？"

二人乃不敢复言。

先生先遣探卒打探得南昌伏兵千余，在新旧坟厂地方。乃使奉新县知县刘守绪同千户徐诚，领精兵四百，从间道袭之，出其不意。伏兵一时溃散，齐奔南昌城来。城中骤闻王都堂兵至，杀散伏兵，人人惊骇，转相告语，俱怀畏避之意。

二十五日五更，各哨俱照依派定信地进发。先生复申明约束：

一鼓附城；再鼓登城；三鼓不克，诛其伍；四鼓不进，诛其将。

各哨统兵官知先生军令严肃，一闻鼓声，呼噪并进。伍文定兵梯緪先登，守贼军士见军势大，皆倒戈狂走。城中喊声大振，四下鼎沸，砍开城门，各路兵俱入，遂擒宜春王栱樤及宁王之子三哥、四哥并伪太监万锐等，共千有余人。宫眷情急，纵火自焚。可怜眷属百数，化作一阵烟灰，哀哉！

火势猛烈，延烧居民房屋。先生统大队军兵入城，传令各官，分道救火，抚慰居民。火熄后，伍文定等都来参见，将捉到人犯押跪堂下。先生审明发监，封其府库，搜获原收人小衙门印信九十六颗，人心始安。于是，胁从官胡濂、原布政。刘斐、原参政。许效廉、原参议。唐锦、原副使。赖凤原佥事。及南昌知府郑𤩽，同知何继周、通判张元澄、南昌知县陈大道、新建知县郑公奇，皆自投首，先生俱安慰之。有诗为证：

皖城方逞螳螂臂，

谁料洪都巢已倾。

赫赫大功成一鼓，
令人千载美文成。

先生又打探得：宁王已解安庆之围，移兵于沅子港，先分兵二万，遣凌十一、闵廿四分率之，疾趋南昌，自帅大军随后而进，时乃二十二日也。先生闻报，大集众将问计。

众皆曰："贼势强盛，今既有省城可守，且宜敛兵入城，坚壁观衅，俟四方援兵至，然后图之。"

先生笑曰："不然。贼势虽强，未逢大敌，惟以爵赏诱人而已。今进不得逞，退无所归，其气已消沮。若出奇兵击其惰归，一挫其锐，将不战自溃，所谓先人有夺人之心也。"

王公遇事，真是看得彻底，所以动必有功。

适抚州知府陈槐、进贤知县刘源清各引兵来助战。先生乃遣伍文定、邢珣、徐琏、戴德孺各领兵五百，分作四路并进。又遣余恩，以兵四百，往来于鄱阳湖上，诱致贼兵。又遣陈槐、胡尧元、童琦、谈储、王暐、徐文英、李美、李楫、王冕、王轼、刘守绪、刘源清等，各引兵百余，四面张疑设伏，候文定等交锋，然后合击。分布已定，乃开仓，大赈城中军民人等。又虑宗室郡王将军，或为内应生变，亲自慰谕，以安其心。出告示云：

督府示谕：省城七门内外军民杂役人等，除

真正造逆不赦外，其原役宁府被胁伪授指挥、千百户、较尉等官，及南昌前卫一应从乱杂色人役，家属在省城者，仰各安居乐业，毋得逃窜。父兄子弟有能寄信本犯，迁善改过，擒获正恶，诣军门报捷者，一体论功给赏。逃回投首者，免其本罪。其有收藏军器，许尽数送官。各宜悔过，毋取灭亡。特示。[8]

写下二十余通，发去城内城外居民及乡导人等，于七门内外，各处粘贴传布，以解散其党。

二十三日，濠先锋凌十一、闵廿四已至樵舍，风帆蔽江，前后数十里。我兵奉军令，乘夜趋进。伍文定以正兵当其前，余恩继其后，邢珣引兵绕出贼背，徐琏、戴德孺分左右翼，各自攻击，以分其势。

二十四日早，北风大起，贼兵鼓噪，乘风而前，直逼黄家渡，离南昌仅三十里。伍文定之兵才战，即佯为败走。余恩复战，亦佯退。贼得志，各船争前趋利，前后不相连。邢珣兵从后而进，直贯其中，贼船大乱。伍文定、余恩督兵乘之，徐琏、戴德孺合势夹攻，四面伏兵，纷纷扰扰，呼噪而至，满湖都是官军，正没摆布那一头处。凌十一、闵廿四不过江湖行劫，几会曾见这等战阵，心胆俱落，急教回船，贼兵遂大溃。官军追赶十余里，擒斩二千余级，凌十一中箭落水，贼徒死于水者万数。闵廿四引着残卒数千，退保八字脑，手下兵士渐渐逃散。宸濠闻败，大惧，尽发九江、南康守城之兵以益师。

先生探听的实，曰："贼兵已撤，二郡空虚矣。不复九江，则南兵终不敢越九江以援我；不复南康，则我兵亦不能逾南康以蹑贼。"

乃遣抚州知府陈槐领兵四百，合饶州知府林瑊兵，往攻九江。适建昌知府曾玙兵亦到，即遣玙率兵四百，合广信知府周朝佐兵，往取南康。

二十五日，宸濠立赏格以激励将士。当先冲锋者，赏银千两，对阵受伤者，赏银百两，传令并力大战。其日北风更大，贼船乘风奋击。伍文定率兵打头阵，因风势不顺，被杀数十人。先生望见官军将有退却之意，急取令牌，将剑付中军官，令斩取领兵官伍文定头示众，且暗嘱云："若能力战，姑缓之。"

文定见牌，大惊，亲握军器，立于船头，督率军士，施放铳炮。风逆，火燎其须，不顾，军士皆拼命死战。邢珣等兵俱至，一齐放炮，炮声如雷震天，将宸濠副舟击破，闵廿四亦被炮打死。濠大骇，将船移动，贼遂溃败，擒斩复二千余，溺死无算。

濠乃聚兵屯于樵舍，连舟结为方阵，四面应敌。尽出金银，赏犒将士，约来日决一死敌。

先生乃密为火攻之具，使邢珣击其左，徐琏、戴德孺击其右，余恩等各官分兵四面暗伏，只望见火发，一齐合战。

二十六日早，宸濠方朝群臣，责备诸将不能力战，以致连败。喝教先将三司各官杨璋、潘鹏等十余人绑起，责他坐观成败，全不用心，欲斩之以立法。璋等立辩求免。正在争论之际，忽闻四下喊声大举。伍文定引着官军，用小船载荻，乘风纵火，火烈风猛，延烧贼船。但见：

浓烟蔼蔼，
青波上罩万道乌云；
紫焰烘烘，
绿水中布千层赤雾。
三军慌乱，
个个心惊胆裂，
撇鼓丢锣；
众将惊惶，
各各魄散魂消，
投戈弃甲。
舴艋艨艟，
一霎时变成煨烬；
旗旛剑戟，
须臾顷化作灰尘。

分明赤壁遇周瑜，

好似咸阳逢项羽。

各路伏兵望见火光，并力杀来。贼舟四面皆火，栱栟二人被火焚烧，奔出船舱，为官军所杀。王春、吴十三亦被擒获。先生使人持大牌晓谕各军，牌上写云：

诡言得濠，以壮我而怠敌，此先生妙用。

逆濠已擒，诸军勿得纵杀。愿降者听。

各军闻之，信以为然，勇气百倍。濠军莫不丧气，争觅小舟逃命。[9]

宸濠知事不济，亦欲谋遁，与娄妃泣别曰："昔人亡国，因听妇人之言。我为不听贤妃之言，以至如此。"

娄妃哽咽，不能出声，但云："殿下保重，勿以妾为念。"

言毕，与宫娥数人跳下湖中而死。宸濠心如刀刺。万锐觅得划船来到，濠变服，同锐下了划船，冒着兵戈而走，还带有宫女四人。万安县知县王冕受先生密计，假装渔船数只，散伏芦苇。望见划船有些跷蹊，慌忙摇拢来看。宁王认是渔船，唤曰："渔翁渡我，当有厚报。"

濠既下渔船，船上一声哨子，众船皆至。宸濠自知不免，亦投于水。逢浅处，立水中不死。军士用长篙挽其衣而执之。

二十六日，官军用火攻之。濠方朝群臣，责诘所执三司，铳声四起，四顾无兵，乃与妃嫔泣别。妃嫔争赴水死，三司走官军舟得免。万安兵遂执宁王。知县王冕执先登之旗以献俘。先生命二指挥夹扶之，置于清军察院。观者堵立，欢声动天地。

是时，伍文定、邢珣等乘胜杀入，先擒世子大哥及宫眷等，其伪党李士实、刘养正、刘吉、屠钦、熊琼、卢珩、卢璜、丁馈、秦荣、葛江、刘勋、何镗、吴国七、火信、喻才、李自然、徐卿等数百人，前后俱被擒获，无一漏者。复执胁从王宏、原镇守太监。王金、原巡按。杨璋、原按察使。金山、原主事。程果、原参政。潘鹏、原佥事。梁宸、原布政使。郏文、马骥、白昂俱指挥。等。王纶、季敩赴水死。擒斩共三千余人，落水者二万有余，衣甲、器械、财物与浮尸横十余里。复分兵搜剿零贼于昌邑、吴城各处，擒斩殆尽。

湖口县知县章玄梅迎先生坐于城中，察院王冕解宸濠入城献功。濠望见远近街衢，行伍整肃，笑曰："此是我家事，何劳王都堂这等费心？"

既见先生，遂拱手曰："濠做差了事，死自甘心。但娄妃每每苦谏勿叛，乃贤妃也。已投水而死，望善葬之。"

先生即遣中军官同宫监一人前往识认，只见渔舟载有一尸，周身衣服，皆用线密密缝紧。渔人疑有宝货在身，正欲搜简，就被宫监认出是娄妃，取来盛殓，埋葬于湖口县之城外，至今称为贤妃墓。

是日，众官俱来相见。先生下堂，执伍文定之手，曰："今番破贼，足下之功居多。本院即当首列，必有不次之擢。"

文定曰："仗圣天子洪福、老大人妙算，知府何功之有？"

先生曰："斩阵先登，人所共知，不必过谦。"

见素林公俊闻濠变，即夜遣人范锡为佛郎机铳，并抄火药方，遣两仆自莆阳裹粮，从间道冒暑昼夜行三千余里，手书勉先生竭力讨贼。比至，则濠已擒七日。先生感激泣下，以世之当其任者犹畏难巧避，而公忠诚出天性，老而弥笃，身退而忧愈深，节愈励。为《书佛郎机遗事》，[10]命同志和之。

其余邢珣、余恩等，各以温言慰劳。众人各欢喜而退。

次日，先生正在军中整理军务，中军官报单，报道：

知府陈槐、曾玙等分兵攻南康、九江，贼兵出战，俱为官军所败。陈槐阵上斩了徐九宁，知县何士凤开门以迎王师，将城中余贼尽行诛剿。南康百姓闻官军薄城，共杀陈贤，二郡悉平。

于是，贼党俱尽。

按：宸濠自六月十四日举逆，至七月二十六日被获，前后共四十二日。先生自七月十三日于吉安起马，至二十六日成功，才十有四日耳。自古勘定祸乱，未有如此之神速者。但见成功之易，不知先生擘画之妙也。

是日，门生邹守益入见，贺曰："且喜老师成百世之功，名扬千载。"

先生曰："功何敢言？且喜昨晚沉睡。"

盖自闻报后，晓夜焦劳，至是，始得安枕矣。

先生口占一律，云：

甲马秋惊鼓角风，

旌旗晓拂阵云红。
勤王敢在汾淮后，
恋阙真随江汉东。
群丑漫劳同吠犬，
九重端合是飞龙。
涓埃未尽酬沧海，
病懒先须伴赤松。[11]

是日，先生传令班师，暂回省城。城中听知王师凯旋，军民聚观者不下万数。宸濠坐在小轿之中，其余贼党俱各囚车锁押。前后军兵拥卫，一个个枪刀出鞘，盔甲鲜明。才至中街，两傍看者欢声如沸，莫不以手加额，曰："我等今日方脱倒悬之苦，皆王都爷之赐也。"

先生到察院下马，大会众官商议。除将宁王并世子郡王、将军、仪宾，伪授太师、国师、元帅、都督、指挥等官，各分别收监候解，其胁从等官，并各宗室，别行另奏。将擒斩俘获功次，发纪功。

御史谢源、伍希儒审验明白，造册。先生于三十日上捷报，据册开：

生擒首贼，一百零四名。
生擒从贼，六千一百七十五名。内审放胁从一千一百九十三名。

斩获贼级，共四千四百五十九颗。

俘获贼属男妇，二百三十八名口，宫人四十三名。

夺回被胁被掳官民人等，三百八十四员名口。

招抚畏服投首，一百九十三位名。

夺获符验一道，金玺二颗，金册二副，印信关防一百零六颗。

金并首饰，六百二十三两一钱二分；银首饰器皿，八万三千八百九十七两一钱五分零。

赃仗，一千八百九十件。

器械，一千一百九十九件。

牛，三十头；马，一百九匹；驴骡，十三头；鹿，三只。

烧毁贼船，七百四十三只。

后人有诗一绝，诵先生之功云：

指挥谈笑却莱夷，
千古何人似仲尼？
旬日之间除叛贼，
真儒作用果然奇。

注释

［1］

“秦荣”应为“秦濼”。据《年谱》，“初，宁献王臞仙传惠、靖、康三王，康王久无子，宫人南昌冯氏以成化丁酉生濠。康王梦蛇入宫，啖人殆尽，心恶之，欲弗举，以内人争免，遂匿优人家，与秦濼同寝处。稍长，淫宫中。康王忧愤且死，不令入诀。弘治丙辰袭位，通书史歌词。”（《王阳明全集》卷三十四，第1391页。）

［2］

“胡丨三”应为“吴十三”，“闵廿四”又作“闵念四”。据《擒获宸濠捷音疏》:“兼又招纳叛亡，诱致剧贼渠魁如吴十三、凌十一之属，牵引数千余众，召募四方武艺骁勇、力能拔树排关者亦万有余徒。”(《王阳明全集》卷十二，第449页。)另据《案行浙江按察司交割逆犯暂留养病》:“擒获宁王宸濠及逆党李士实、刘养正、王春等，贼首吴十三、凌十一、闵念四、吴国七、闵念八等。”(《王阳明全集》卷十七，第654页。)

[3]

冀元亨，湖广常德府武陵县举人，王阳明谪戍龙场，冀元亨曾从讲学。阳明至南赣，延之教子。“偶值宸濠饰诈要名，礼贤求学，本职因使本生乘机往见宸濠，冀得因事纳规，开陈大义，沮其邪谋；如其不可劝喻，亦因得以审察动静，知其叛逆迟速之机，庶可密为御备。本生既与相见，议论大相矛盾，宸濠以本职所遣，一时虽亦含忍遣发，而毒怒不已，阴使恶党，四出访缉，欲加陷害；本生素性愿悫，初不之知，而本职风闻其说，当遣密从间道潜回常德，以避其祸。”(《咨六部伸理冀元亨》,《王阳明全集》卷十七，第673页。)另据《书佛郎机遗事》:“初，予尝使门人冀元亨者因讲学说濠以君臣大义，或格其奸。濠不怿，已而滋怒，遣人阴购害之。冀辞予曰：'濠必反，先生宜早计。'遂遁归。"(《王阳明全集》卷二十四，第1015页。)

[4]

"言"，弘毅馆《皇明大儒王阳明出身靖乱录》翻印本作"香"。

[5]

王阳明遇北风之事见《飞报宁王谋反疏》，"方尔回程，随有兵卒千余已夹江并进，前来追臣。偶遇北风大作，臣亦张疑设计，整舟安行，兵不敢逼，幸而获免。"(《王阳明全集》卷十二，第434页。)据《咨两广总制都御史杨共勤国难》，"于六月初九日自赣启行，于本月十五日行至丰城县地名黄土脑"，"各官竞阻本职，不宜轻进。本职自顾单旅危途，势难复进，方尔回程，随有兵卒千余已夹江并进来追，偶遇北风大作，本职亦张疑设计，整舟安行，兵不敢逼，幸而获免。"(《王阳明全集》卷十七，第634页。)一为向皇帝的奏折，一为与同僚的咨文，王阳明均称是偶遇北风。

据龙光所述，"是年六月十五日，公于丰城闻宸濠之变。时参谋雷济、萧禹在侍，相与拜天誓死，起兵讨贼。欲趋还吉安，南风正急，舟不能动。又痛哭告天，顷之，得北风。宸濠追兵将及，潜入小渔船，与济等同载，得脱免。”（钱德洪《征宸濠反间遗事》，《王阳明全集》卷三十九，第1626页。）

与阳明随行的雷济叙述此事较详：“夫子昔在丰城闻变，南风正急，拜天哭告曰：‘天若悯恻百万民命，幸假我一帆风！’须臾风稍定，顷之，舟人欢噪回风。济、禹取香烟试之舟上，果然。久之，北风大作。宸濠追兵将及时，夫人、公子在舟。夫子呼一小渔船自缚，敕令济、禹持米二斗，腐鱼五寸，与夫人为别。将发，问济曰：‘行备否？’济、禹对曰：‘已备。’夫子笑曰：‘还少一物。’济、禹思之不得。夫子指船头罗盖曰：‘到地方无此，何以示信？’于是又取罗盖以行。明日至吉安城下，城门方戒严，舟不得泊岸。济、禹揭罗盖以示，城中遂欢庆曰：‘王爷爷还矣。’乃开门罗拜迎入。于是济、禹心叹危迫之时，暇裕乃如此。”（钱德洪《征宸濠反间遗事》，《王阳明全集》卷三十九，第1631页。）

事后，阳明曾有诗追忆拜北风：《丰城阻风（前岁遇难于此，得北风幸免）》：“北风休叹北船穷，此地曾经拜北风。勾践敢忘尝胆地？齐威长忆射钩功。

桥边黄石机先授，海上陶朱意颇同。况是倚门衰白甚，岁寒茅屋万山中。”（《王阳明全集》卷二十，第846页。）阳明晚年平思田之乱时，《重登黄土脑》：“一上高原感慨重，千山落木正无穷。前途且与停西日，此地曾经拜北风。剑气晚横秋色净，兵声寒带暮江雄。水南多少流亡屋，尚诉征求杼轴空。”（《王阳明全集》卷二十，第877页。）

［5］

“陈金”，应为“秦金”。事见钱德洪《征宸濠反间遗事》，《王阳明全集》卷三十九，第1627页。

［6］

宸濠一疑，为阳明赢得了战机。据龙光对钱德洪所言，“昔夫子写杨公火牌将发时，雷济问曰：‘宁王见此恐未必信。’曰：‘不信，可疑否？’对曰：‘疑则不免。’夫子笑曰：‘得渠一疑，彼之大事去矣。’既而叹曰：‘宸濠素行无道，残害百姓，今虽一时从逆者众，必非本心，徒以威劫利诱，苟一时之合耳。纵使奋兵前去，我以问罪之师徐蹑其后，顺逆之势既判，胜负预可知也。但贼兵早越一方，遂破残一方民命。虎兕出柙，收之遂难。为今之计，只是迟留宸濠一日不出，则天下实受一日之福。’”（钱德洪《征宸濠反间遗事》，《王阳明全集》卷三十九，第1630页。）

[7]

第五哨“章丘门”应为“章江门”，第六哨“李缉”应为“李楫”。据王阳明《牌行各哨统兵官进攻屯守》，分军为十二哨，其中第七哨分列“李美”与“余恩”；冯梦龙将“余恩”列为第八哨，以后依次相差一哨。（《王阳明全集》卷十七，第642—643页。）另见《江西捷音疏》，《王阳明全集》卷十二，第441—442页。

[8]

《告七门从逆军民》，《王阳明全集》卷十七，第645页。

[9]

“夫子应变之神真不可测。时官兵方破省城，忽传令造免死木牌数十万，莫知所用。及发兵迎击宸濠于湖上，取木牌顺流放下。时贼兵既闻省城已破，胁从之众俱欲逃窜无路，见水浮木牌，一时争取，散去不计其数。二十五日，贼势尚锐，值风不便，我兵少挫。夫子急令斩取先却者头。知府伍文定等立于铳炮之间，方奋督各兵，殊死抵战。贼兵忽见一大牌书：'宁王已擒，我军毋得纵杀！'一时惊扰，遂大溃。"（钱德洪《征宸濠反间遗事》，《王阳明全集》卷三十九，第1631页。）

[10]

《书佛郎机遗事》，《王阳明全集》卷二十四，第1014—1015页。

[11]

《鄱阳战捷》，《王阳明全集》卷二十，第830页。

伍

忠泰之变

王琼正色言曰：「竖子素行不义，今仓卒造乱，自取灭亡耳。都御史王守仁据上游，必能了贼，不日当有捷报至也。其请京军，特张威耳。」

话分两头。却说兵部尚书王琼，见先生所上宁王反叛两次表章，疏请五府六部大臣会议于左顺门。诸臣中也有曾受宁王贿赂，与他暗通的；也有见宁王势大，怕他成事的，一个个徘徊观望，尚不敢斥言濠反。

王琼正色言曰："竖子素行不义，今仓卒造乱，自取灭亡耳。都御史王守仁据上游，必能了贼，不日当有捷报至也。其请京军，特张威耳。"

乃顷刻覆了十三本，首请削宸濠属籍，正名为贼，布告天下。但有忠臣义士，能倡义旅，擒反贼宸濠者，封以侯爵。先将通贼逆党朱宁、臧贤拿送法司正罪。又传檄南京、两广、浙江、江西各路军马，分据要害，一齐剿杀。朝廷差安边伯许泰总督军务，充总兵官；平虏伯江彬、太监张忠、魏彬俱为提督官；左都督刘翚为总兵官；太监张永赞画机密，并体勘濠反逆事情。

兵部侍郎王宪督理粮饷，前往江西征讨。行至临清地方，闻江西有捷报，宁王已擒。许泰、江彬、张忠等耻于无功，乃密疏请御驾亲征，顺便游览南方景致。武宗皇帝大喜，遂自称为总督军务威武大将军总兵官、后军都督府太师镇国公，往江西亲征。廷臣力谏，不听，有被杖而死者。车驾遂发，大学士梁储、蒋冕扈从。

九月十一日，先生南昌起马，将宸濠一班逆党囚禁。先期遣官上疏，略云：

逆濠睥睨神器，阴谋久蓄。招纳叛亡，探辇毂之动静，日无停迹，广置奸细。臣下之奏白，百不一通。发谋之始，逆料大驾必将亲征，先于沿途伏有奸党，为博浪、荆轲之谋。今逆不旋踵，遂已成擒。法宜解赴阙下，式昭天讨。欲令部下各官押解，恐旧所潜布，乘隙窃发，或致意外之虞，臣死有余憾。况平贼献俘，国家常典，亦臣子常职。臣谨于九月十一日亲自量带官军，将濠并宫眷、逆贼、情重罪犯潜解赴阙。

疏中便暗止圣驾南巡，王公用心之密如此。

先生行至常山草萍铺，闻有御驾亲征之事，大惊曰：

"东南民力已竭,岂堪骚扰?"

即索笔题诗于壁上,传谕次早兼程而进。

诗曰:

一战功成未足奇,
亲征消息尚堪危。
边烽西北方传警,
民力东南已尽疲。
万里秋风嘶甲马,
千山晓日渡旌旗。
小臣何事驱驰急?
欲请回銮罢六师。[1]

时圣驾已至淮、徐。许泰、张忠、刘翚等见先生疏到,密奏曰:

陛下御驾亲征,无贼可擒,岂不令天下人笑话?且江南之游,以何为名?今逆贼党与俱尽釜中之鱼,宜密谕王守仁释放宁王于鄱阳湖中,待御驾到,亲擒之。他日史书上传说陛下英武,也教扬名万代。

佞臣一言逢迎,不顾国家利害如用其言,即宁贼死灰未必再燃,而将士解体尽矣

武宗皇帝原是好顽耍的,听他邪说,果然用威武大将

军牌面，遣锦衣千户追取宸濠。

先生行至严州，接了牌面。

或言："威武大将军即一今上也，牌到，与圣旨一般，礼合往迎。"

先生曰："大将军品级不过一品，文武官僚不相统属，我何迎为？"

众皆曰："不迎必得罪。"

先生曰："人子于父母乱命，不可告语，当涕泣随之，忍从谀乎？"

三司官苦苦相劝，先生不得已，令参随负敕印出，同迎以入。

以敕印抵当牌，亦一策也。

中军禀问："锦衣奉御差至此，当送何等样程仪？"

先生曰："不过五金。"

中军官曰："恐彼怒，不纳，奈何？"

先生曰："由他便了。"

锦衣千户果然大怒，麾去不受。次日，即来辞别。

先生握其手曰："下官在正德初年，下锦衣狱甚久，贵衙门官相处极多，看来未见有轻财重义如公者。昨薄物出区区鄙意，只求礼备。闻公不纳，令我惶愧。下官无他长，单只会做几篇文字，他日当为公表章其事，令后世锦衣知有公也。"

锦衣唯唯，不能出一语，竟别去。先生竟不准其牌，不把宸濠与他。锦衣星夜回报，许泰、江彬等大怒，遂造榜言，说先生先与宁王交通，曾遣门人冀元亨往见宁王，许他借兵三千，后见事势无成，然后袭取宁王以掩己罪。

此谤流传至今，尚有疑者，谗言可畏如此

太监张永素知先生之忠，力为辩雪，且请先行查访。先生至杭州，张永先在，先生与永相见，永曰："泰、彬等诽谤老先生，只因先生献捷太早，阻其南行，以此不悦。"

王公免祸，全得张永之力

先生曰："西民久遭濠毒，今经大乱，继以旱灾，困苦已极。若边军又到，责以供饷，穷迫所激，势必逃聚山谷为乱。奸党群应，土崩之势成矣。更思兴兵伐之，不亦难乎？"

张永深以为然，徐曰："本监此出，正为群小蛊惑圣听，欲于中调获，非掩功也。但皇上圣意，亦耻巡游无名。老先生但将顺天意，犹可挽回几分。苟逆之，徒激群小之怒，何救于大事？"

先生曰："老公所见甚明，下官不愿居功，情愿都让他们。容下官乞休而去，足矣。"

乃以宸濠及逆党交付张永，遂上疏乞休，屏去人从，养病于西湖之净慈寺。

张永在武宗皇帝面前备言王守仁尽心为国之忠，江西反侧未安，全赖弹压，不可听其休致自便。

诸奸捕冀元亨，付南京法司，备极拷掠，并无一语波及先生，奸谋乃沮。

忠、泰等又密奏："宁王余党尚多，臣等愿亲往南昌搜捕，以张天威。"

武宗皇帝复许之。比及先生赴南昌任，忠、泰等亦至。带令北军二万，填街塞巷。许泰、江彬、张忠坐了察院，妄自尊大。先生往拜之，泰等看坐于傍，令先生坐。先生佯为不知，将傍坐移下，自踞上坐，使泰、彬等居主位。泰、彬等且愧且怒，以语讽刺先生。先生以交际事体谕之，然后无言。

先生退，谓门人邹守益等曰："吾非争一主也，恐一屈体于彼，便当受其节制，举动不得自由耳。"

泰、彬等托言搜捕余党，扳害无辜，富室索诈贿赂，满意方释。又纵容北军占居民房，抢掠市井财物，向官府索粮要赏。或呼名谩骂，或故意冲导，欲借此生衅，与先生大闹一场，就好在皇上面前谤毁。

先生全不计较，务待以礼。预令市人移居乡村，以避其诈害，仅以老羸守家。先生自出金帛，不时慰犒北军，病者为之医药，死者为之棺殓，边军无不称颂王都堂是好人。泰、彬等怪先生买了军心，严禁北军，不许受军门犒劳。先生乃传示内外：

> 北军离家苦楚，尔居民当敦主客之礼。百姓遇边军，皆致敬，或献酒食。

北军人人知感，不复行抢夺之事。

时十一月冬至将近，先生示谕百姓：

> 新遭濠乱，横死甚多，深为可悯。今冬节在迩，凡丧家俱具奠如礼，如在官人役，给假三日。

于是，居民家家上坟酹酒，哀哭之声，远近相接。北军闻之，无不思家，至于泣下，皆向本官叩头求归。分明是：

> 楚歌一夜起，
> 吹散八千兵。

张忠、许泰、刘翚等自恃北人所长在于骑射，度先生南人，决未习学。一日，托言演武，欲与先生较射。先生谦谢不能，再四强之。

先生曰："某书生，何敢与诸公较艺？诸公请先之。"

刘翚以先生果不习射矣，意气甚豪，谓许泰、张忠曰："吾等先射一回，与王老先生看。"

军士设的于一百二十步外。三人雁行叙立，张忠居中，许泰在左，刘翚在右，各逞精神施设。北军与南军分列两边，抬头望射。一个个弓弯满月，箭发流星，每一发矢，叫声"着"。一会，箭九枝都射完了。单只许泰一箭射在鹄上，张忠一箭射着鹄角，刘翚射个空回。他三个都是北人，惯习弓矢，为何不能中的？一来欺先生不善射，心满气骄了；二来立心要在千人百眼前逞能炫众，就有些患得患失之心，矜持反太过，一箭不中，便着了忙，所以中的者少。三人射毕，自觉出丑，面有愧色，说道："咱们自从跟随圣驾，久不曾操弓执矢，手指便生疏了。必要求老先生射一回赐教。"

先生复谦让，三人越发相强，务要先生试射，射而不中，自家便可掩饰其惭。先生被强不过，顾中军官取弓箭来，举手对泰、彬等曰："下官初学，休得见笑。"

先生独立在射棚之中，三位武官太监环立于傍，光着六只眼睛含笑观看。先生神闲气定，左手如托泰山，右手如抱婴儿，飕的一箭，正中红心，北军连声喝采，都道："好箭！射的准！射的准！"

泰、彬等心中已自不快了，还道："是偶然幸中。"

先生一连又发两矢，箭箭俱破的。

北军见先生三发三中，都道："咱们北边到没有恁般好箭。"

欢呼动地。

泰等便执住先生之手，说道："到是老先生久在军中，果然习熟。已见所长，不必射了。"

遂不乐而散。

是夜，刘翚私遣心腹窥探北军口气，一个个都道："王都堂做人又好，武艺又精，咱们服事得这一位老爷，也好建功立业，不枉为人一世。"

刘翚闻之，一夜不睡。次早，见许泰、张忠，曰："北军俱归附王守仁矣！奈何？"

泰、忠乃商议班师。前后杀害良民数百，皆评为逆党，取首级论功。北军离了西江省城，百姓始复归乐业。

时武宗皇帝大驾自淮阳至京口，馆于前大学士杨一清之家。泰等来见，但云逆党已尽，遂随驾渡江，驻跸南都，游览江山之胜。

三人乘间谗谤先生，说："他专兵得众，将来必有占据江西之事。"

赖张永一力周旋，上信永言，付之不问。

泰等又遣心腹屡矫伪旨，来召先生。只要先生起马，将近南都，遂以擅离地方驾罪。先生知其伪，竟不赴。

正德十五年正月，先生尚留省城，泰等三人因侍宴武宗皇帝，言及天下太平，三人同声对曰："只江西王守仁早晚必反，甚是可忧。"

武宗皇帝问曰："汝谓王守仁必反，以何为验？"

三人曰："他兵权在手，人心归向。去岁臣等带领边兵至省城，他又私恩小惠，买转军心。若非臣等速速班师，连北军多归顺他了。皇爷若不肯信，只须遣诏召之，他必不来。”

武宗皇帝果然遣诏，召先生面见。张永重先生之品，又怜先生之忠，密地遣人星夜驰报先生，尽告以三人之谋。

先生得诏，即日起马，行至芜湖。张忠闻先生之来，恐面召时有所启奏，复遣人矫旨止之。先生留芜湖半月，进退维谷，不得已，入九华山，每日端坐草庵中。一日，微服重游化城寺，至地藏洞。思念二十七岁时，于此洞见老道，共谈三教之理。今年四十九岁，不觉相隔二十二年矣。功名羁绊，不得自由，进不得面见圣上，扫除奸佞；退不得归卧林泉，专心讲学。不觉凄然长叹，取笔砚题诗一首，诗曰：

爱山日日望山晴，
忽到山中眼自明。
鸟道渐非前度险，
龙潭更比旧时清。
会心人远空遗洞，
识面僧来不记名。
莫谓中丞喜忘世，
前途风浪苦难行。[2]

又见山岩中有僧危坐，问：“何时到此？”

欲见上于南京，不得入，遂游九华山。与诸生江学曾、施宗道、陶埜及寺僧历探云峰、化城之胜，咏赋盈壁。许泰谤先生谋反，上默不应，夜遣亲信觇之，见游山题诗，归以实奏，乃复有巡抚江西之命。

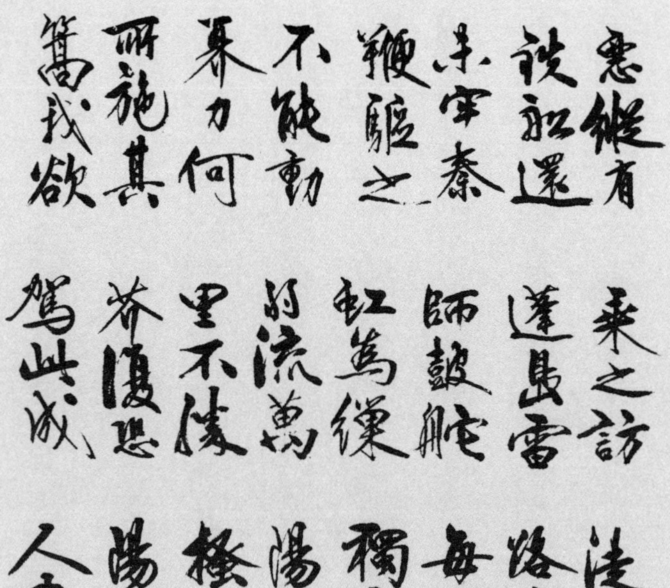

恶，纵有铁船还未牢。秦鞭驱之不能动，奡力何所施其篙。我欲乘之访蓬岛，雷师鼓舵虹为缫。弱流万里不胜芥，复恐驾此成徒劳。世路难行每如此，独立斜阳首重搔。阳明山人书于铜陵舟次，时正德庚辰春分献俘还自南都。

铜陵观铁船

录寄士洁侍御道契，见行路之难也。青山滚滚如奔涛，铁船何处来停桡。人间刳木宁有此，疑是仙人之所操。仙人一去已千载，山头日日长风号。船头出土尚仿佛，后冈有石云船稍。我行过此费忖度，昔人用心无已切。由来风波平地僧答曰："已三年矣。"

先生曰："吾儒学道之人，肯如此精专凝静，何患无成？"

复吟一诗云：

莫怪岩僧木石居，
吾侪真切几人如。
经营日夜身心外，
剽窃糠粃齿颊余。
俗学未堪欺老衲，
昔贤取善及陶渔。
年来奔走成何事？
此日斯人亦启予。[3]

张忠等既阻先生之行，反奏先生不来朝谒。武宗皇帝问于张永，永密奏曰："王守仁已到芜湖，为彬等所拒。彼忠臣也，今闻众人争功，有谋害之意，欲弃其官入山修道。此人若去，天下忠臣更无肯为朝廷出力者矣。"

武宗皇帝感动，遂降旨，命先生兼江西巡抚，刻期速回理事。先生遂于二月还南昌，以祖母岑太夫人鞠育之恩，临终不及面诀，乃三疏请归省葬，俱不允。

六月，复还赣州。过泰和，少宰罗整庵讳钦顺，弘治癸丑榜眼。以书问学。先生告以：

六月，按吉安，吉安乡士夫趋而会，乃宴于文山祠。复偕佥事李素及伍希儒、邹守益游青原山。推官王晫具碑以请和黄山谷韵，亲登于石。[4]论抗许泰等及驭边兵颠末，曰：“这一段劳苦，更胜起义师时。”

学无内外。格物者，格其心之物也；正心者，正其物之心也。以理之凝聚而言，则谓之性；以其主宰而言，则谓之心；以其主宰之发动而言，则谓之意；以其发动之明觉而言，则谓之知；以其明觉之感应而言，则谓之物。故就物而言，谓之格；就知而言，谓之致；就意而言，谓之诚；就心而言，谓之正。所谓穷理以尽性，其功一也。天下无性外之理，即无性外之物。学之不明，皆由世儒认理为内，认物为外，将反观内省与讲习讨论分为两事，所以有朱、陆之歧。然陆象山之致知，未尝专事于内；朱晦庵之格物，未尝专事于外也。[5]

整庵深叹服焉。

是年秋七月，武宗皇帝尚在南都。许泰、江彬欲自献俘，以为己功。张永曰："不可。昔未出京时，宸濠已擒。献俘北上，过玉山，渡钱塘，在杭州交割于吾手，经人耳目，岂可袭也？"

于是，用威武大将军钧帖，下于南赣，令先生重上捷音。先生乃节略前奏，尽嵌入许泰、江彬、张忠、魏彬、张永、刘翚、王宪等扈驾诸官，疏中言："逆濠不日就擒，此皆总督提督诸臣密授方略所致。"

于是，群小稍稍回嗔作喜，止将冀元亨坐濠党系狱，先生遂得无恙。后世宗皇帝登极，先生备咨刑部，为元亨辩冤。[6]科道亦交章论之。将释放，而元亨死。[7]同门陆澄、应典辈备棺盛殓。先生闻讣，为设位恸哭之。此是后话。

注释

[1]

《书草萍驿二首》之一,《王阳明全集》卷二十,第830页。

[2]

《重游化城寺二首》之一,《王阳明全集》卷二十,第851页。

[3]

《有僧坐岩中已三年诗以励吾党》,《王阳明全集》卷二十,第854页。

[4]

《青原山次黄山谷韵》,《王阳明全集》卷二十,第858—859页。

[5]

“皆由世儒认理为内”原作“皆由世儒认理为外”,据《王阳明全集》改。(《答罗整庵少宰书》,《王阳明全集》卷二,第84—89页。)

[6]

朱宸濠诬陷冀元亨,借以攻击阳明:“后宸濠既败,痛恨本职起兵攻剿,虽反噬之心无所不至,而天理公道所在,无因得遂其奸;乃以本生系本职素所爱厚之人,辄肆诋诬,谓与同谋,将以泄其仇愤。且本生既与同谋,则宸濠举叛之日,本生何故不与共事,却乃反回常德,聚徒讲学?宸濠素所同谋之人如李士实、刘养正、王春之流,宸濠曾不一及,而独口称本生与之造始,此其挟仇妄指,盖有不待辩说行道之人皆能知者。”“乃今身陷俘囚,妻子奴虏,家业荡尽,宗族遭殃。信奸人之口,为叛贼泄愤报仇,此本职之所为痛心刻骨,日夜冤愤而不能自已者也。本职义当与之同死。”(《咨六部伸理冀元亨》,《王阳明全集》卷十七,第673—674页。)

[7]

冀元亨之死令阳明十分痛心:“复有举人冀元亨者,为臣劝说宁濠,反为奸党构陷,竟死狱中。以忠受祸,为贼报仇,抱冤赍恨,实由于臣。虽尽削臣职,移报元亨,亦无以赎此痛。此尤伤心惨目,负之于冥冥之中者。”(《辞封爵普恩赏以彰国典疏》,《王阳明全集》卷十三,第504页。)另见《仰湖广布按二司优恤冀元亨家属》,《王阳明全集》卷十七,第685页。

陆

此心光明

银不能答，色动，渐将坐椅移侧。及论致知格物，遂恍然悟曰：「他人之学，饰情抗节，出于矫强；先生之学，精深极微，得之心者也。」

是年九月，先生再至南昌，檄各道院，取宸濠废地，改易市廛，以济饥代税，百姓稍得苏息。

时有泰州王银者，服古冠，执木简，写二诗为贽，以宾礼见。先生下阶迎之，银踞然上坐。

先生问："何冠？"

曰："有虞氏之冠。"

又问："何服？"

曰："老莱子之服。"

先生曰："君学老莱乎？"

对曰："然。"

先生曰："君学老莱，止学其服耶，抑学其上堂诈跌为小儿啼也？"

银不能答，色动，渐将坐椅移侧。及论致知格物，遂恍然悟曰："他人之学，饰情抗节，出于矫强；先生之学，精深极微，得之心者也。"

遂反常服，执弟子之礼。先生易其名为"艮"，字曰"汝止"。[1]

同时，陈九川、夏良胜、万潮、欧阳德、魏良弼、李遂、裘衍日侍讲席，有洙泗杏坛之风。

是年冬，武宗皇帝自南京起驾，行至临清，将宸濠一班逆贼并正刑诛，人心大快。

正德十六年春正月，武宗皇帝还京，三月晏驾。四月，世宗皇帝登极，改元嘉靖，诛江彬、许泰、张忠、刘翚等诸奸，录先生功，降敕召之。先生以六月二十日起程，方至钱塘，科道官迎阁臣意，建言国丧多费，不宜行宴赏之事。先生复上疏，乞便道省亲。[2]得旨，升南京兵部尚书，赐蟒玉，准其归省。

九月，至余姚，拜见龙山公。公当宸濠谋逆时，有言先生助逆者，公曰："吾儿素在天理上用工夫，必不为此。"

又或传先生与孙、许同被害者，公曰："吾儿得为忠臣，吾复何忧？"

及闻先生起兵讨濠，又传言："濠怒先生，欲遣人来刺公，公宜少避。"

公笑曰："吾儿方举大义，吾为国大臣，恨年老不能荷

通天岩，濂溪公所游，至是夏良胜、邹守益、陈九川宿岩中，肄所问，刘寅亦至。先生乘霁入，尽历，忘归忘言。各岩和诗立就，题玉虚宫壁，命蔡世新绘为图。

戈同事，奈何先去以为民望乎？”怡然不变。[3]

至是相见，欢如再生。[4]

值龙山公诞日，朝廷存问适至，先生服蟒腰玉，献觞称贺。

至明旦，谓门人曰：“昨日蟒玉，人谓至荣，晚来解衣就寝，依旧一身穷骨头，何曾添得分毫？乃知荣辱原不在人，人自迷耳。”

乃吟诗一首云：

百战归来白发新，
青山从此作闲人。
峰攒尚忆冲蛮阵，
云起犹疑见虏尘。
岛屿微茫沧海暮，
桃花烂熳武陵春。
而今始信还丹诀，
却笑当年识未真。[5]

先生日与亲友及门人辈宴游山水，随地指点良知，一时新及门就学者七十四人。

是年十二月，朝廷论江西功，封先生为新建伯，食禄

九月龙山公寿旦，适封爵使至，封公勋阶、爵邑如其子。四方缙绅、门弟子咸捧觞为寿，公蹙然曰：“吾父子乃得复相见耶！仰仗宗社、神灵、朝廷威德，岂一书生所能辨？谗构横行，祸机四发，赖武庙英明保全，以膺新宠。宠荣极矣，宜以盈满为戒，庶不致覆成功而毁令名。”先生跪受教。

一千石，荫封三代。[6]少时梦威宁伯王越解剑相赠，至是始验。

明年正月，先生疏辞封爵，不允。

时龙山公年七十有七，病笃在床，将属纩*，闻部咨已至，促先生及诸弟出迎，曰："虽仓遽，乌可以废礼？"

少顷，问："已成礼否？"

家人曰："诏书已迎至矣。"

乃瞑。

先生戒家人勿哭。加新冕服，拖绅。事毕，然后举哀，一哭顿绝，病不能胜。门人子弟纪丧，因才任使，仙居金克厚典厨，内外井井。[7]

先生以先后平贼，皆赖兵部尚书王琼从中主持，又同事诸臣多有劳绩，己何敢独居其功？再上疏辞爵，归功于琼。时宰方忌琼，并迁怒于先生。御史程启充、给事中毛玉相率论劾先生，指为邪学。

先生讲论如故。门人谦之[8]临去，先生赠诗云：

珍重江船冒暑行，

---

* "属纩"，丧礼，代指"临终"。据《礼记·丧大记》："属纩以俟绝气。"郑玄注："纩，今之新绵，易动摇，置口鼻之上以为候。"（《礼记注疏》卷四十四。）

一宵心话更分明。
须从根本求生死，
莫向支离辩浊清。
久奈世儒横臆说，
竞搜物理外人情。
良知底用安排得，
此物由来是浑成。

嘉靖三年，海宁董澐，号萝石，以能诗闻于江湖。年六十八，来游会稽。闻先生讲学，戴笠携瓢，执杖来访。入门长揖上坐。先生敬异之，与语连日夜，澐言下有悟。因门人何秦请拜先生门下，先生以其年高不许。归家，与其妻织一缣以为贽，复因何秦来强。[9]先生不得已，与之徜徉山水间。澐日有所闻，欣然乐而忘归。其乡之亲友，皆来劝之还乡，曰："翁老矣，何自苦如此？"

澐曰："吾今方扬鬐于渤海，振羽于云霄，安能复投网罟而入樊笼乎？去矣，吾将从吾所好。"

遂自号"从吾道人"。

时郡守南大吉，先生所取士也，以座主故，拜于门下，然性豪旷不羁，不甚相信，遣弟南逢吉觇之，归，述先生讲论。如此数次，大吉乃服，始数来见，且曰："大吉临政多过失，先生何无一言？”

先生曰：“过失何在？”

大吉历数某事某事。

先生曰：“吾固尝言之矣。”

大吉曰：“先生未尝见教也？”

先生曰：“吾不言，汝何以知之？”

大吉曰：“良知。”

先生笑曰：“良知非我常言而何？”

大吉笑谢而去。

于是，辟稽山书院，聚八邑彦士讲学。

萧璆、杨汝荣、杨绍芳等，来自湖广；杨仕鸣、薛宗铠、黄梦星等，来自广东；王艮、周冲等，来自南直；何秦、黄弘纲[10]等，来自南赣；刘邦采、刘文敏等，来自安福；曾忭，来自泰和；魏良政、魏良器等，来自新建。宫刹卑隘，至不能容。每一发讲，环而听者，三百余人。一日，讲“君子喻义，小人喻利”章，众人俱发汗泣下。[11]邑庠生王畿与魏良器相厚，每言妨废举业，劝勿听讲。及是日闻讲，自悔失言，即日执贽为弟子。[12]

嘉靖四年，门人辈立阳明书院于越城西郭门内，光相桥之西。明年正月，邹守益以直谏谪判广德州，筑复初书院，集生徒讲学。先生为书赞之。[13]

四月，南大吉入觐，被黜，略无愠色，惟以闻道为喜，其得力于先生之熏陶者多矣。

是夏，御史聂豹巡按福建，特渡钱塘，来谒先生，听讲而去。时席书为礼部尚书，特疏荐先生。御史石金等亦交章论荐，不报。

嘉靖六年，广西田州岑猛作乱。提督都御史姚镆征之，擒猛父子。未几，其头目卢苏、王受构众复乱，攻陷思恩。镆复调四省兵征之，弗克。阁老张璁、桂萼共荐先生，起用，总督两广及江西湖广军务。先生闻命，力辞，不允，乃于九月起马，由杭、衢，历常山、南昌、吉安诸处，一路门人迎接者，动数百人，不必细说。

十一月，至梧州。先生以土官之叛皆由流官掊克所致，乃下令尽撤调集防守之兵，使人招卢苏、王受，喻以祸福。二人见守兵尽撤，遂自缚谢罪。先生杖而释之，抚定其众，凡七万余人。不动声色，一境悉平。[14]

一语洞见祸本。防守之兵，惟先生可撤，以其制贼有余也。

时八寨、断藤峡等处，自韩都堂雍平定以后，至是，复据险作乱。先生因湖广归师之便，密授方略，令袭之。卢苏、王受请出兵饷，当先效力。三月之间，斩首三千余级，扫荡其巢而还。朝中当事大臣犹以先生擅兵讨贼为罪，赖学士霍韬力诵其功，乃得免议，止以招抚思、田之功，颁赐奖赏。[15]

若养成大寇，罪将何任？当事者嫉贤忌功，不顾国家，从来久矣。可叹！

先生一日谒伏波将军庙，庙在梧州。拜其像，叹曰："吾十五岁梦谒马伏波，今日所见，宛如梦中。人生出处，岂偶然哉？"

因赋诗云：

四十年前梦里诗，
此行天定岂人为？
徂征敢倚风云阵，
所过须同时雨师。
尚喜远人知向望，
却惭无术救疮痍。
从来胜算归廊庙，
耻说兵戈定四夷。[16]

先生大兴思、田学校，广西士民始知有理学。[17]

十月，先生以积劳成疾，病剧，上疏乞休。不候旨，遂发。[18]布政使王大用亦先生门人，备美材以随。十一月廿五日，逾梅岭，至南安登舟。[19]南安府推官、门人周积来见。先生犹起坐，咳喘不已，犹以进学相勉。

廿八日晚，泊船，问："何地？"

侍者对曰："青龙铺。"

遂亲至南宁府，尽撤调集防守之兵数万，惟留湖兵数千，分南宁、宾州解甲修养。二酋闻之，以正月七日遣头目赴军门，愿扫境投生。下牌省谕，申以圣天子威德。二酋且惧其喜，撤守备，具衣粮，卢苏以众五万，王受以众三万，于二十六日至南宁。次日，囚首自缚，又与头目数百号哀投诉。复申牌谕："宥尔一死，各于军门杖一百。"众叩首请命。乃解其缚，谕以："宥一死者，朝廷、天地好生之仁；杖一百者，我等人臣执法之义。"皆叩首悦服。

明日，召周积至船中，积拱俟良久。

先生开目视曰："吾去矣。"

积泣下，问："有何遗言？"

先生笑曰："此心光明，复何言哉？"

少顷，瞑目而逝。时廿九日也，享年五十七岁。[20]

南赣兵备、门人张思聪进迎于南野驿，用王布政所赠美材制棺，周积就驿中堂沐浴，衾殓如礼。明日为十二月朔，安成门人刘邦采适至，同官属师生设奠入棺。初四日，舆榇登舟，士民远近遮道，哭声震地，如丧考妣。舟过地方，门生故吏连路设祭哭拜。

将发南昌，东风大逆，舟不能行。

门人赵渊祝于柩前曰："先生岂为南昌士民留耶？越中子弟门人相候已久矣。"

祝毕，忽变西风，舟人莫不惊异。[21]

门人王畿等数人以会试起身，闻先生讣音，还舟执丧。

二月，抵家。子弟门人辈奉柩于中堂，遂饰丧纪。妇人哭于门内，孝子及亲族子弟哭于幕外，门人哭于门外。每日，四方门人来者百余人。

十一月，葬横溪，先生所自择地也。先是，前溪水入怀，与左溪会，冲啮右麓，术者心嫌，欲弃之。有山翁梦见一神人，绯袍玉带，[22]立于溪上，曰："吾欲还水故道。"

明日，雷雨大作，溪水泛溢，忽从南岸而行，明堂周阔

九月初八日，行人冯恩赍敕奖励，赏金帛羊酒，有开诚宣恩，处置得宜，叛夷畏，率归众降，罢兵息民之褒。因具奏谢恩，恳求养疾。自梧道广，待命于韶、雄之间。力疾答聂文蔚，论勿忘勿助宗旨。十一月二十九日，薨于南安之青龙铺。

数百丈，遂定穴。门人李珙等更番筑治，昼夜不息，月余墓成。会葬者数千人，门人中有自初丧迄葬不归者，即孔门弟子之怀师，亦不是过矣。御史聂豹原未拜门下，及闻讣之后，遣吊奠，亦称门人。盖素佩先生之训，中心悦而诚服也。

后十二年，浙江巡按御史周汝贞，亦先生门人，为建祠于阳明书院之楼前，扁曰“阳明先生祠”。各处书院俱立先生牌位，朝夕瞻礼，比于仲尼。今子孙世世袭爵为新建伯不绝。

先生幼时常言：“一代状元不为希罕。”又言：“须作圣贤，方是人间第一流！”斯言岂妄发哉！

先生殁后，忌其功者或斥为伪学，久而论定。至今道学先生尊奉阳明良知之说，圣学赖以大明，公议从祀圣庙。[23]后学有诗云：

三言妙诀致良知，
孔孟真传不用疑。
今日讲坛如聚讼，
惜无新建作明师。

又，髯翁有诗云：

八年己丑正月，先生丧过江西，有司分道而迎。储御史良材、赵提学渊哭之哀，或问之，曰："吾岂徒为乃公哭耶？"士民哭声载道。钱德洪、王畿赴廷试，闻变，迎至广信。为疏赴同志。十一月二十九日，四方学者会葬于山阴兰亭之紫洪山。[24]

平蛮定乱奏奇功，
只在先生掌握中。
堪笑伪儒无用处，
一张利口快如风。

注释

[1]

王艮是泰州学派的开创者，“阳明先生之学，有泰州、龙溪而风行天下，亦因泰州、龙溪而渐失其传。”（《明儒学案》卷三十二，《黄宗羲全集》第7册，第820页。）泰州学派、浙中王门最能鼓舞人心、传播最快，但衰落也最快。

阳明收王艮是阳明学发展过程中的重要事件。据《明儒学案》：“王艮字汝止，号心斋，泰州之安丰场人。”“先生虽不得专功于学，然默默参究，以经证悟，以悟释经，历有年所，人莫能窥其际也。一夕梦天堕压身，万人奔号求救，先生举臂起之，视其日月星辰失次，复手整之。觉而汗溢如雨，心体洞彻。记曰：正德六年间，居仁三月半。自此行住语默皆在觉中，乃按《礼经》制五常冠、深衣、大带、笏板，服之。曰：'言尧之言，行尧之行，而不服尧之服，可乎？'时阳明巡抚江西，讲良知之学。大江之南，学者翕然信从，顾先生僻处，未之闻也。有黄文刚者，吉安人，而寓泰州，闻先生论，诧曰：'此绝类王巡抚之谈学也。'先生喜曰：'有是哉！虽然，王公论良知，艮谈格物，如其同也，是天以王公与天下后世也；如其异也，是天以艮与王公也。'即日启行，以古服进见，至中门，举笏而立。阳明出迎于门外。始入，先生据上坐，辩难久之，稍心折，移其坐于侧。论毕，乃叹曰：'简易直截，艮不及也。'下拜自称弟子。退而绎所闻，间有不合，悔曰：'吾轻易矣。'明日入见，且告之悔。阳明曰：'善哉！子之不轻信从也。'先生复上坐，辩难久之，始大服，遂为弟子如初。阳明谓门人曰：'向者吾擒宸濠，一无所动，今却为斯人动矣！'"（《明儒学案》卷三十二，《黄宗羲全集》第7册，第828—829页。）

[2]

《乞便道归省疏》，《王阳明全集》卷十三，第501—

502页。

[3]

据陆深《海日先生行状》：先生素闻宁濠之恶，疑其乱，尝私谓所亲曰："异时天下之祸，必自兹人始矣。"令家人卜地于上虞之龙溪，使其族人之居溪傍者买田筑室，潜为栖遁之计。至是正德己卯，宁濠果发兵为变。远近传闻骇愕，且谓新建公亦以遇害，尽室惊惶，请徙龙溪。先生曰："吾往岁为龙溪之卜，以有老母在耳。今老母已入土，使吾儿果不幸遇害，吾何所逃于天地乎？"饬家人勿轻语动。已而新建起兵之檄至，亲朋皆来贺，益劝先生宜速逃龙溪。咸谓新建既与濠为敌，其势必阴使奸人来不利于公。先生笑曰："吾儿能弃家杀贼，吾乃独先去以为民望乎？祖宗德泽在天下，必不使残贼覆乱宗国，行见其败也。吾为国大臣，恨已老，不能荷戈首敌。倘不幸胜负之算不可期，犹将与乡里子弟共死此城耳。"因使趣郡县宜急调兵粮，且禁讹言，勿令摇动。乡人来窃视先生，方晏然如平居，亦皆稍稍复定。不旬月，新建捷至，果如先生所料。亲朋皆携酒交庆。先生曰："此祖宗深仁厚泽，渐渍人心，纪纲法度，维持周密，朝廷威灵，震慑四海，苍生不当罹此荼毒。故旬月之间，罪人斯得，皆天意也。岂吾一书生所能办此哉？然吾以垂尽之年，幸免委填沟壑；家门无夷戮之惨；乡里子弟又皆得免于征输调发；吾儿幸全首领，父子相见有日；凡此皆足以稍慰目前者也。”诸亲友咸喜，极饮尽欢而罢。（《王阳明全集》卷三十八，第1551—1552页。）

［4］

据《乞便道归省疏》：“顾臣父既老且病，顷遭谗构之厄，危疑震恐，汹汹朝夕，常有父子不及相见之痛。今幸脱洗殃咎，复睹天日，父子之情固思一见颜面，以叙其悲惨离隔之怀，以尽菽水欢欣之乐。”（《王阳明全集》卷十三，第501—502页。）

［5］

《归兴二首》之一，《王阳明全集》卷二十，第863—864页。

［6］

得旨：“江西反贼剿平，地方安定，各该官员功绩显著，你部里既会官集议，分别等第明白，王守仁封伯爵，给与诰券，子孙世世承袭，照旧参赞机务，钦此。”“王守仁封新建伯，奉天翊卫推诚宣力守正文臣，特进光禄大夫柱国，还兼南京兵部尚书，照旧参赞机务，岁支禄米一千石，三代并妻一体追封，钦此。”（《辞封爵普恩赏以彰国典疏》，《王阳明全集》卷十三，第503页。）

[7]

金克厚为浙江台州仙居人，温雅忠厚。据《年谱》：“门人子弟纪丧，因才任使。以仙居金克厚谨恪，使监厨。克厚出纳品物惟谨，有不慎者追还之，内外井井。”金克厚与钱德洪同贡于乡，连举进士，谓洪曰：“吾学得司厨而大益，且私之以取科第。先生尝谓学必操事而后实，诚至教也。”（《王阳明全集》卷三十五，第1418页。）

[8]

“谦之”，原作“尚谦”，误。阳明弟子中，薛侃，字尚谦，广东揭阳人，为闽粤王门之代表人物；邹守益，字谦之，江西安福人，为江右王门的领袖。此下所引诗乃阳明为邹守益所作，见《次谦之韵》，《王阳明全集》卷二十，第864页。

[9]

何秦为阳明的重要弟子。时人语阳明弟子“江有何、黄,浙有钱、王”。(《江右王门学案四》,《明儒学案》卷十九,《黄宗羲全集》第7册,第521页。)何、黄指何秦与黄弘纲,属江右王门;钱、王指钱德洪与王畿,属浙中王门,钱德洪与王畿二人于天泉桥向阳明请教四有、四无的问道,史称天泉问道。

[10]

“黄弘纲”,原作“黄竹纲”,误。

[11]

《论语·里仁》:“子曰:‘君子喻于义,小人喻于利。’”

[12]

王畿即王龙溪,是浙中王门的领军人物。据《明儒学案》:魏良器,字师颜,号药湖。洪都从学之后,随阳明至越。时龙溪为诸生,落魄不羁,每见方巾中衣往来讲学者窃骂之。居与阳明邻,不见也。先生多方诱之。一日,先生与同门友投壶雅歌,龙溪过而见之,曰:“腐儒亦为是耶!”先生答曰:“吾等为学，未尝担板，汝自不知耳。”龙溪于是稍相昵就，已而有味乎其言，遂北面阳明。绪山临事多滞，则戒之曰：“心何不洒脱？”龙溪工夫懒散，则戒之曰：“心何不严慄？”其不为姑息如此。……龙溪与先生最称莫逆，然龙溪之玄远，不如先生之浅近也。（《明儒学案》卷十九，《黄宗羲全集》第7册，第535—536页。）

［13］

“复初书院”，原作“复古书院”，误。据邹守益《广德州新修复初书院记》：“嘉靖丙戌秋七月，新作复初书院成。”“若知复初之义乎？天地之中，而民实受之。”《六经》、圣人之学的主旨在于复元气，复天地之中。（《邹守益集》卷六，凤凰出版社，2007年，第315—317页。）另据《复初书院讲章》：“书院告成，以复初为第一义。”（《邹守益集》卷十五，第722页。）阳明赞之曰：“书院记文，整严精确，迥尔不群，皆是直写胸中实见，一洗近儒影响雕饰之习，不徒作矣。”（《寄邹谦之》，《王阳明全集》卷六，第228页。）

［14］

据《田石谣》：“阳明先生既平田州之乱。先是，田州有一巨石，谓之田石，侧卧江浒。旧有童谣云：‘田石倾，田州兵。田石平，田州宁。’岑猛闻而恶之，乃夜遣人平之。明复如故。如是再三，终欹侧也。自先生定乱之后，此石平矣。先生自往观之，命洗剔苔秽，见有古刻‘新建伯’三大字于其上，亦异矣。先生遂续加九字，并刻之云：‘嘉靖岁戊子春，新建伯王守仁。’因奏改为田宁府云。”（董穀《碧里杂存》，第14—15页。）

[15]

霍韬认为阳明破八寨、断藤峡有八善，但是成功后也遭遇了类似擒宸濠一样的不公正待遇：

“臣等是以叹服王守仁能体陛下之仁，以怀绥田州、思恩向化之民；又能体陛下之义，以讨服八寨、断藤峡梗化之贼也。仁义之用，两得之也。

谨按王守仁之成功有八善焉：乘湖兵归路之便，则兵不调而自集，一也。因田州、思恩效命之助，则劳而不怨，二也。机出意外，贼不及遁，所诛者真，积年渠恶，非往年滥杀报功者比，三也。因归师讨逆贼，无粮运之费，四也。不役民兵，不募民马，一举成功，民不知扰，五也。平八寨，平断藤峡，则极恶者先诛，其细小巢穴可渐施德化，使去贼从良，得抚剿之宜，六也。八寨不平，则西而柳、庆，东而罗旁、绿水、新宁、恩平之贼合数千里，共为窟穴，虽调兵数十万，费粮数百万，未易平伏。今八寨平定，则诸贼可以渐次抚剿，两广良民可渐安生业，纾圣明南顾之忧，七也。韩雍虽平断藤峡贼矣，旋复有贼者，实当尔时未及区画其地，为经久图，俾余贼复据为巢穴故也。今五十年生聚，则贼复炽盛也亦宜。若八寨乃百六十年所不能诛之剧贼，山川天险尤难为功，今守仁既平其巢窟，即徙建城邑以镇定之，则恶贼失险，后日固不能为变，逋贼来归，不日且化为良民矣。诛恶绥良，得民父母之体，八也。”

“先是正德十四年，宸濠谋反江西，两司俯首从贼，惟王守仁同御史伍希儒、谢源誓心效忠。不幸奸臣张忠、许泰等欲掩王守仁之功以为己有，乃扬诸人曰：‘王守仁初同贼谋。’及公论难掩，乃又曰：‘宸濠金帛俱王守仁、伍希儒、谢源满载以去。’当时大学士杨廷和，尚书乔宇，亦忌王守仁之功，遂不与辨白而黜伍希儒、谢源，俾落仕籍。王守仁不辨之谤，至今未雪，可谓黯哑之冤矣。”（《地方疏》，《王阳明全集》卷三十九，第1623—1625页。）

[16]

《谒伏波庙二首》之一,《王阳明全集》卷二十,第878页。

[17]

较,同“校”。据《处置平复地方以图久安疏》:“田州新服,用夏变夷,宜有学校。但疮痍逃窜之余,尚无受廛之民,焉有入学之士。况斋膳廪饩,俱无所出,即欲建学,亦为徒劳。然风化之原,终不可缓。臣等议欲于附近府州县学教官之内,令提学官选委一员,暂领田州学事,听各学生徒之愿改田州府学及各处儒生之愿来田州附籍入学者,皆令寄名其间。所委教官,时至其地相与讲肄游息,或于民间兴起孝弟,或倡远近举行乡约,随事开引,渐为之兆。俟休养生息一二年后,流移尽归,商旅凑集,民居已觉既庶,财力渐有可为,则如学校及阴阳医学之类,典制之所宜备者,皆听该府官以次举行上请,然后为之设官定制。如此,则施为有渐而民不知扰,似亦招徕填实之道,鼓舞作新之机也。均乞圣明裁处。”(《王阳明全集》卷十四,第545页。)

[18]

据嘉靖戊子(1528)阳明在信中所言:"自入广来,精神顿衰。虽因病患侵凌,水土不服,要亦中年以后之人,其势亦自然至此,以是怀归之念日切。诚恐坐废日月,上无益于国家,下无以发明此学,竟成虚度此生耳,奈何奈何!"(《与黄宗贤》第五书,《王阳明全集》卷二十一,第917页。)

[19]

有一则关于阳明的传说,所对应的即是此时此地。明人魏浚(1553—1625,万历三十二年进士)所著的《峤南琐记》载:"王伯安平思、田、八寨,即乞病归。至南安,小憩一佛寺。寺有靖室,乃前老僧示寂处。老僧化时戒其徒岁加封识,不许开户,伯安固强开之。中有书云:'五十七年王守仁,启吾钥,拂吾尘,问公欲识前程事,开门即是闭门人。'伯安愕然,数日遂卒。"(魏浚:《峤南琐记》卷下,收入《四库存目丛书·子部》第243册,第558页。)蒋一葵(万历二十二年举人)所记与此稍有差异:"王阳明尝游僧寺,见一室封锁甚密,欲开视之,寺僧不可,云:'中有入定僧,闭门五十年矣。'阳明固开视之,见龛中坐一僧,俨然如生,貌酷肖己。先生曰:

'此岂吾之前身乎?'既而见壁间一诗云:'五十年前王守仁,开门原是闭门人。精灵剥后还归复,始信禅门不坏身。'先生怅然久之,建塔以瘗而去。"(蒋一葵:《尧山堂外纪》卷九十《国朝》,收入《续修四库全书·子部》第1195册,第116页。)明末遗民张怡所著《玉光剑气集》卷三十《杂记》所载与此基本相同,其后又云"此事载阳明本传,徐华亭删去,为从祀计也"。按,徐华亭即徐阶,松江华亭人,受业于聂豹,官至大学士,有力推动了阳明学的兴盛。从祀,指奏请以王阳明等从祀孔庙事。

[20]

据黄绾《阳明先生行状》,"十月初十日,复上疏乞骸骨,就医养病。因荐林富自代。又一月,乃班师。至大庾岭,谓布政使王公大用曰:'尔知孔明之所以付托姜维乎?'大用遂领兵拥护,为敦匠事。廿九日至南康县,将属纩,家童问何所嘱。公曰:'他无所念,平生学问方才见得数分,未能与吾党共成之,为可恨耳!'遂逝。"(《王阳明全集》卷三十八,第1579页。)

[21]

王阳明去世后,"江西男妇皆缟衣匍匐,攀舟而号”。“特是部使丧归，例有赠恤，而前不予祭，后不予葬。詹事黄绾上言：‘守仁在前朝颇效微功，今平蛮甫竣，舆疾办事，而客死道路，妻孥孱弱，（子三岁。）家僮载骨，藁葬空山，鬼神有知，亦无不忍。’少师徐阶尝为江西督学使，深知公冤，有云：‘以死勤事，则祀之。今勤事之人以尸归国，而不令所司奠一杯，尚望祀乎？’”（毛奇龄《王文成传本》卷二，第12—13页。）其中黄绾上疏为《明是非定赏罚疏》，“家僮载骨”后为“藁殡空山，见者为之流涕，闻者为之酸心。若使鬼神有知，亦当为之夜哭矣。”（《黄绾集》卷三十二，上海古籍出版社，2014年，第628页。）

[22]

“绯袍玉带”神人与王阳明出生时岑夫人梦“衣绯腰玉”神人呼应。

[23]

据《明通鉴》卷六十八：“万历十二年（1584），诏以陈献章、胡居仁、王守仁从祀孔庙。大学士申时行等言：‘守仁言致知出于《大学》，良知出于《孟子》，陈献章言主静，则为沿袭宋儒周敦颐、程颐。

且孝弟出处如献章，文章功业如守仁，纯言笃行如胡居仁，故三人并宜从祀。’从之，乃以三人并从祀两庑，列于薛瑄之次。”（夏燮《明通鉴》，岳麓书社，1999年，第2418页。）

[24]

据《年谱》，十一月十一日葬先生于洪溪。（《王阳明全集》，第1466页。）

附录一

三教偶拈叙

冯梦龙

……仙人，于是鼎湖瑶池神其说，蓬莱方壶侈其胜，安期羡门异其人，咒禁符水岐其术。要之，方外别是一种，与道无与。故刘歆《七略》以道家为诸子，神仙为方技，良有以尔。迨李少君、寇谦之之辈，务为迂怪附会，以干人主之泽，而神仙与道合为一家，遂与儒教绝不相似。此道与儒分合之大略也。

若夫佛乃胡神，西荒所奉。相传秦时，沙门利室房入朝，始皇囚之，有金人穿牖而去。至汉明帝时，金人入梦，遣使请经四十二章于西域，而佛之名始闻。浸假而琳宫创于孙吴，法藏广于苻秦，忏科备于萧梁，释教乃大行，而俨然与儒、道鼎立为三，甚且掩而上之。此三教始终之大略也。

是三教者，互相讥而莫能相废。吾谓得其意皆可以治世，而袭其迹皆不免于误世。舜之被袗鼓琴，清净无为之旨也；禹之胼手胝足，慈悲徇物之仁也。谓舜禹为儒可，即谓舜禹为仙、为佛，亦胡不可？而儒者乃谓汉武惑于仙而衰，梁武惑于佛而亡，不知二武之惑正在不通仙佛之教耳。汉武而真能学仙，则必清净无为，而安有算商车、征匈奴之事？梁武而真能学佛，则必慈悲徇物，而安有筑长堰、贪河南之事？宋之崇儒讲学，远过汉唐，而头巾习气刺于骨髓，国家元气日以耗削。试问航海而犹讲《大学》，与戎服而讲《老子》《仁王经》者，其蔽何异？则又安得以此而嗤彼哉！余于三教概未有得，然终不敢有所去取其间。于释教，吾取其慈悲；于道教，吾取其清净；于儒教，吾取其平实。所谓得其意皆可以治世者，此也。

偶阅《王文成公年谱》，窃叹谓文事武备，儒家第一流人物，暇日演为小传，使天下之学儒者，知学问必如文成，方为有用。因思向有济颠、旌阳小说，合之而三教备焉。夫释如济颠，道如旌阳，儒者未或过之，又安得以此而废彼也？

东吴畸人七乐生撰

（录自中华书局1990年影印《古本小说丛刊》第四辑，原缺一页。）

附录二

王阳明先生图谱序

／王宗沐

昔者孔子之没也，游、夏门人以有若貌似孔子，欲以所事孔子事之，而曾子独以为不可，曰："江汉以濯之，秋阳以暴之，皜皜乎不可尚已。"盖深言之也。本体之在人，流贯圆莹，昭明灵变，所谓建于天地而彻于古今者，一刻未尝息，一毫不可污，其斯以为皜皜也。孔子之所以为孔子，全是而已。如徒以貌也，则途之人有肖者焉。至语其精心，则不极于皜皜者，不可以语精，而况于形乎？心无似者也。曾子之称孔子也，不道其绥来动和之所为用，而指其光辉洁白之所以妙。盖自颜子而后，惟曾子得其深，此曾子、游、夏之辩也。虽然，余尝思之矣，曾子盖亦有未尽者，三千笃信，沦浃肌髓，一旦泰山颓坏，众志茕然，如孺子之丧慈母，无所依归，其学不皆曾子，苟一有所存焉，亦足以收其将散之心，而植其未废之教。故余尝谓项氏梁、籍之强，用兵如神，业已破秦，乃从民间求牧竖怀王立之，彼安所资哉？楚人思故主，从其心而立之。怀王不足以兴楚，而足以系楚，系则由以兴。游夏之意，何以异此？

阳明王先生天挺间出，少志圣贤，出入二氏，晚悟正脉，的然以良知为入门，盖有见于皜皜者。故自髫年以比白首，凡所作用，以其学取力焉。忠挠权嬖，志坚拂抑，崎崎甲兵以及临民处变，染翰吐词，靡不精解融彻，而功业、理学盖宇宙百世师矣。当时及门之士，相与依据尊信，不啻三千之徒。今没才三十年，学亦稍稍失指趣。高弟安成东廓邹公辈相与绘图勒石，取先生平生经历之所及，与功用之大，谱而载焉。嗟夫！皜皜之体，人人同具，先生悟而用之，则凡后之求先生者，于心足矣。而公犹为是，非独思其师，亦以著教也，所谓系而待其兴焉者也。据其渐，则觉其进；考其终，则见其成。而其中之备尝辛苦艰难，仅得悟于百死一生之际者，学之道良在于兹，而独载其事耶？

余少慕先生，十四岁游会稽，而先生已没。两官先生旧游之地，凡事先生者皆问而得概焉，然不若披图而溯之为尤详也。以余之尤有待于是，则后世可知，而邹公之意远矣。公遣金生应□来请余序，为道曾子之未尽者，以明公旨焉。

时嘉靖丁巳冬十有一月长至

赐进士出身中顺大夫江西按察司副使奉敕再提督学政

临海后学王宗沐书

（录自1941年影印本《王阳明先生图谱》，漫漶不清处据明万历刻本《敬所王先生文集》卷一《阳明先生图谱序》校补，版刻错误依校本径改。）

附录三

明状元图考·状元王华

成化十七年辛丑，廷试赵宽等三百人，擢王华第一。

按：王华，字德辉，号龙山，浙江余姚人。华家素贫，尝访亲于杭，同舟有五庠生讲论，华哂之。庠生怪问，华破其讲非是。众初甚忽之，及闻其言，遂加敬，延于家教授，四方争延讲礼经。偶书“宋朝家法过汉唐八事”于扇。及殿试，命是题，敷衍详悉，擢第一。官至礼尚书致仕。子守仁，封新建伯，封父如其爵，年七十七卒。

《状元奇异编》：先梦迎春郭外，众舁白牛，鼓吹至华家。解者曰：“状元，春元也。金色白，其神为辛，牛之属

丑。先生其辛丑状元乎?”后果然。

顾鼎臣、顾祖训撰,吴承恩、程一桢校,

黄应澄绘《明状元图考》卷二

跋

王阳明致良知与靖乱的联动

这部《王阳明图传》(《皇明大儒王阳明出身靖乱录》)生动再现了王阳明波澜壮阔的一生，冯梦龙的文笔优美超绝，读之酣畅淋漓。有读者读完之后，感觉意犹未尽，乃至由此追问王阳明靖乱成功的原因，这便关乎王阳明的致良知。按照阳明学的知行合一思想，行的成功关联着知的透彻，王阳明靖乱成功的原因应该是致良知。然而，在当前的王阳明研究中，王阳明的知与行有脱节的趋势，王阳明哲学思想研究与王阳明事功行实研究各行其道：从知入手者，分析概念、辨名析理，阳明学成为思辨的哲学思想研究；从行入手者，考索历史文献遗留的蛛丝马迹，阳明学成为考据之学。这样的研究有助于独立深入，但也容易产生一种错觉，王阳明的良知学与勘定叛乱属于不同的学科与问题，由此割裂了王阳明致良知与靖乱的联动。有鉴于此，在王阳明靖乱传记的基础上，下文补充与致良知的联动，以便更全面呈现王阳明的知行合一：以致良知揭示王阳明靖乱成功的秘密，王阳明靖乱的成功亦促成其致良知，并影响阳明后学。

一、龙场悟道与洗心藏密

龙场悟道是王阳明思想突破的标志性事件，由此涉及阳明学能够解决什么样的重大问题，这亦是他靖乱成功的根本。谈到王阳明的学说宗旨，通常会想到良知，由此将龙场悟道与良知关联，比如在冯梦龙笔下：王阳明在龙场梦中拜谒孟子，孟子为讲“良知”一章，即《孟子·尽心上》“人之所不学而能者，其良能也；所不虑而知者，其良知也”。王阳明由此而悟道，叹曰：“圣贤左右逢源，只取用此‘良知’二字。”[1]冯梦龙对梦景描述很精彩：“忽一夕，梦谒孟夫子。孟夫子下阶迎之，先生鞠躬请教。孟夫子为讲‘良知’一章，千言万语，指证亲切，梦中不觉叫呼，仆从伴睡者俱惊醒。自是，胸中始豁然大悟。”[2]王阳明悟道之后，贵州提学副使席书大服，建贵阳书院，率诸生从学，“先生乃大畅良知之说”。[3]王阳明的浙江弟子钱德洪亦认为王阳明在龙场悟良知："谪居龙场，衡困拂郁，万死一生，乃大悟'良知'之旨。"[4]"至龙场，再经忧患，而始豁然大悟'良知'之旨。"[5]上述钱德洪的两条记载都是讨论王阳明年谱编纂，并认为王阳明在龙场大悟良知；然而，在王阳明年谱成书时，年谱所载龙场悟道并未出现"良知"二字，"忽中夜大悟格物致知之旨，寤寐中若有人语之者，不觉呼跃，从者皆惊。始知圣人之道，吾性自足，向之求理于事物者误也"。[6]年谱的龙场悟道解决了格物致知的内外问题：朱子格物致知向外求致，王阳明将格物致知转化向内探求，这属于朱子学与阳明学的理论分歧问题。由上可以推出，钱德洪的龙场悟良知说并未在年谱中采纳，由此否定了冯梦龙笔下的龙场悟良知，孟夫子之梦亦属为杜撰。

王阳明在龙场尚未论及良知，那龙场悟道实现了怎样的思想突破呢？从诗文及年谱来看，王阳明龙场悟道主要是为了解决生命安顿问题，也就是如何在瘴气弥漫、生活环境恶劣的龙场生存下来，其诉诸的思想资源是《周易》。王阳明因弹劾宦官刘瑾而下诏狱，"已而廷杖四十，既绝复苏"。[7]在身体遭受极大打击之后，王阳明在狱中并未一蹶不振，"囚居亦何事？省愆惧安饱。瞑坐玩羲《易》，洗心见微奥。乃知先天翁，画画有至教……箪瓢有余乐，此意良匪矫。幽哉阳明麓，可以忘吾老"。[8]王阳明通过《周易》的洗心藏密，[9]渡过难关，并体证到精微、深奥的易理，以此将牢狱转化为孔颜之乐的道场。此后，王阳明又经长途跋涉，一路躲避刘瑾党羽追杀，在泛海时，“险夷原不滞胸中，何异浮云过太空”。[10]牢狱之灾、跋涉之苦，都被王阳明视为飘过太空的浮云，王阳明洗心退藏是要洗去这些浮云，达到摆脱苦难的太空超越境界。“羊肠亦坦道，太虚何阴晴？灯窗玩古《易》，欣然获我情。”“敛衽复端坐，玄思窥沉溟。”[11]与泛海诗呼应，赴谪路上的羊肠小道跋涉艰苦且危险，洗心藏密将其转化成坦途；阴晴如同浮云过往，或险或夷，都不妨碍心的超越。赴谪路上，给予王阳明精神资源的依然是《周易》，敛衽、端坐、玄思、沉溟都可视作洗心藏密的不同表述。

王阳明到龙场，“始至，无屋可居。茇于丛棘间，迁于东峰，就石穴而居”。[12]石穴也就是玩易窝，“阳明子之居夷也，穴山麓之窝而读《易》其间”。[13]“龙场在贵州西北万山丛棘中，蛇虺魍魉，蛊毒瘴疠”，“旧无居”，“乃为石墎自誓曰：‘吾惟俟命而已！’”[14]石墎亦是指玩易窝。龙场恶劣的环境甚至超过京城牢狱，尤其是蛊毒瘴疠，如同《瘗旅文》中记述的三人，大多数外来人在龙场恶劣的环境中倒下了，王阳明可谓是身陷困境。[15]王维有诗：“行到水穷处，坐看云起时。”然而，人生困境的“水穷”难以自发敞开“云起”的新出路。王阳明当然不是在困境中俟命待亡，而是勇于转化，而指导他转化困境、在困穷中找到出路的思想资源，依然是《周易》的洗心藏密。通过洗心藏密，观象玩辞，王阳明获得新生，“沛兮其若决，瞭兮其若彻，菹淤出焉，精华入焉”，“优然其休焉，充然其喜焉，油然其春生焉。”“视险若夷，而不知其夷之为阨也。”[16]心的内在主体性由此确立，并可以呼应格物致知的由外转内，以内在主体为基础的心学得以确立。“沛兮其若决”境界如同古代圣王的大舜，“孟子曰：‘舜之居深山之中，与木石居，与鹿豕游，其所以异于深山之野人者几希。及其闻一善言，见一善行，若决江河，沛然莫之能御也。’”（《孟子·尽心上》）王阳明不仅实现内圣的德性内充，而且内充洋溢于外，春意油然充满，大美流溢，由此化险为夷，解决了生命安顿的问题，“静悟天机入窅冥。道在险夷随地乐”，[17]且遥接文王、孔子之学，“此古之君子所以甘囚奴，忘拘幽，而不知其老之将至也夫！吾知所以终吾身矣。”“是故君子洗心而退藏于密，斋戒以神明其德也。”[18]“甘囚奴，忘拘幽”的古之君子当指文王，“文王拘而演《周易》”的传统再次复活，王阳明的龙场便是拘幽文王的羑里；又如孔子继承文王之学，“子畏于匡，曰：‘文王既没，文不在兹乎？天之将丧斯文也，后死者不得与于斯文也；天之未丧斯文也，匡人其如予何？’”（《论语·子罕》）孔子在危难中亦是以斯文在兹担当，王阳明的龙场亦相当于孔子陷入绝境的匡城。孔子树立了时圣的典范,"可以速而速,可以久而久,可以处而处,可以仕而仕。""孔子,圣之时者也。"(《孟子·万章下》)龙场的经历使得王阳明更能深刻体证到时圣的真切含义,如钱德洪所言:"吾师之学,于一处融彻,终日言之不离是矣。即此以例全经,可知也。"[19]王阳明洗心退藏的经验可推至《周易》全经,乃至其他五经与四书,以《恒》卦为例说明:"《恒》之为卦,上《震》为雷,下《巽》为风,雷动风行,簸扬奋厉,翕张而交作,若天下之至变也。""君子体夫雷风为《恒》之象,则虽酬酢万变,妙用无方,而其所立,必有卓然而不可易之体,是乃体常尽变。"[20]《恒》卦展现出《周易》变易的普遍性、恒常性,事事物物都处于变易之中。王阳明的学问正是从变易中得来,从转化困境中实证,能退能进,能速能久,能出能处,其核心在于真切体证到统摄变易的不易之体,这是王阳明龙场悟道之后实现靖乱成功乃至三不朽的重要思想基础。综上,王阳明在龙场不仅寻找到了安顿生命的精神资源,而且绍续文王、孔子之学,将儒学斯文在荒蛮之地发扬光大。据王阳明后学胡直讲"圣人以此洗心"句:"此是孔子说尽天机处。"[21]洗心藏密是孔子的天机,亦可视作王阳明龙场悟道的秘密,王阳明以此直面困境并转化困境,乃至从困境中突破,积极迎接更大的挑战。

二、破山中贼与寻致良知

王阳明悟道之后，开始在贵州讲学；刘瑾被诛后，王阳明升任庐陵知县，并将所悟之道应用到为政，政绩卓越。王阳明“惟以开导人心为本”，[22]“都庠序，以崇正学”，[23]尤其是以公正之心断讼，平反了多年的积压案件，狱中无人。从王阳明的弟子徐爱论御史为政与洗心藏密的关系，亦可探寻王阳明断讼的指导思想：“夫御史以生杀予夺为道，必此心如止水，如空鉴，如平衡，兹克得其正。”“惟简可以御繁，惟静可以制动。”“行其政，将不赏而民劝，不怒而民威于鈇钺；胝其榜，将时仁而仁，时义而义，乃可以得御史之道。夫是之谓洗心。”[24]用通俗的话来说，官员处理案件或监察时，要有无私的公正之心，是的还他是，非的还他非，则断讼简易，结果令人信服。反之，如果官员夹杂私欲，或受贿，或徇私，混淆是非，则断讼繁难，且破坏公正的政治秩序、践踏国家的法律。庐陵属于吉安府，素有忠节的优秀传统，欧阳修、杨邦乂、胡铨、周必大、文天祥、杨万里等彪炳千古，王阳明亦是接续了这一传统。宁藩叛乱之后，王阳明退守吉安府，并将吉安作为平宁藩叛乱的勤王集兵驻扎之地，在平藩叛乱中发挥了重要作用。在王阳明的带动下，吉安成为阳明学的中心，有王阳明图谱的作者邹守益以及欧阳德、罗洪先、聂豹、刘文敏、邹元标等杰出的阳明后学，成为阳明学谱系的中流砥柱，这将在后文论述。

王阳明将龙场悟道转化困境的能力应用于酬酢万变的靖乱，这在冯梦龙的传记中有丰富体现，如诛杀横水大贼首谢志珊、浰头贼首池仲容等，王阳明转化困境、解决问题的能力得以验证并煅炼，由此也带来思想的成熟，良知学也呼之欲出。正德十二年丁丑(1517)，王阳明在信中言："即日已抵龙南，明日入巢，四路兵皆已如期并进，贼有必破之势。某向在横水，尝寄书仕德云：'破山中贼易，破心中贼难。'区区剪除鼠窃，何足为异？若诸贤扫荡心腹之寇，以收廓清平定之功，此诚大丈夫不世之伟绩。"[25]写信之时，王阳明灭山中贼之战成功在即。山中贼为害地方，王阳明廓清平定；与此相应，作为闻见欲望的心中贼扰乱蛊惑人心，王阳明洗心，清除心中贼。暂且悬隔难易问题，破山中贼与破心中贼具有一致性，两者是靖乱成功与良知学提出联动的结果。参照王阳明思想成熟后的咏良知："个个人心有仲尼，自将闻见苦遮迷。而今指与真头面，只是良知更莫疑。"[26]"仲尼"指良知，以此绍续孔孟之学，成就内圣。闻见遮蔽相当于心中贼，心中贼使得良知不能呈现，良知的真面目被遮蔽。通过灭山中贼的煅炼考验，王阳明灭心中贼的思想也得以熟化，良知的真头面也得以清晰。

洗心藏密、灭心中贼，使得良知真头面呼之欲出。关于王阳明提出良知的时间，学界有不同的看法，在钱德洪主张的龙场悟道之外，还有正德九年（1514）、正德十四年（1519）、正德十六年（1521）等。正德九年据王阳明弟子黄绾所论："甲戌，升南京鸿胪寺卿，始专以良知之旨训学者。"[27]此处仅言王阳明提出"良知"之旨，"龙场谪居至南京鸿胪期间，阳明思想中确曾间断地出现过良知的说法。这是很自然的，因为《孟子》本有良知之说"，"正如前人有言，阳明当时'已知宗旨，只是未为主张耳'"。[28]正德十四年与十六年处于平定宁藩叛乱之前与之后，两者差异的关键是良知在平藩中的表现：如果是平藩之前提出，相当于王阳明在平藩之前已有良知说，在平藩中进一步锻炼了良知；如果是平藩之后提出，则可视作王阳明在克服平藩的巨大困难中成就了良知学。综合来看，两者的共性是基于王阳明"灭心中贼"，良知面目得以清晰，两者之同大于异。暂且先按正德十四年提出良知，其中最有信服力的证据当属邹守益到赣州拜谒王阳明，据聂豹为邹守益七十寿序所言："已闻阳明先生讲学虔南，牵舟往从之。一见相契，妙悟良知之秘，涣然自信，曰：'道在是矣。'反顾胸中所蓄数万卷书，糟粕也。于是四拜北面，奉以终身，如蓍龟焉。先生赠之诗曰：'君今一日真千里，我亦当年苦旧迷。’盖亦恨其相契之晚也。”[29]从赠诗来看，王阳明此时的主要问题意识还是寻致良知，“我亦当年苦旧迷”，既可以指王阳明龙场悟道之前的状态，也可以指灭心中贼，以寻致良知真头面。邹守益“妙悟良知之秘”当是一种概括性、笼统性的说法，或是以良知之秘统称王阳明学说，或是以王阳明后期成熟的良知思想返观往事。据邹守益自述，“先师格致诚正之说，初闻于虔州，以旧习缠绕，未敢遽信。及质诸孔孟，渐觉有合处，然后敢信而绎之。盖圣门之论学，未有不行而可以为学者”。[30]按此而言，邹守益与王阳明当时讨论的核心问题是《大学》的格物、致知、诚意、正心，并未涉及良知。邹守益不是如聂豹所言的“焕然自信”，而是“未敢遽信”，更不用说确立慎独思想了。在王阳明尚未明确良知真头面情况下，其弟子邹守益亦难以“妙悟良知之秘”。

年谱所载龙场悟道、王阳明为邹守益所讲授都涉及《大学》的格物致知，这当是王阳明思想突破的重点。为什么会成为重点呢？这还要考察阳明学产生的思想背景。从韩愈、李翱到周敦颐、张载、程颢、程颐、邵雍北宋五子，儒学回应的重大挑战便是佛教心性论的冲击，并在回应中确立儒学的道德主体性。这些儒者发掘并借助四书的思想资源，尤其是《大学》《中庸》。程朱将《大学》移经补传，以格物致知为主导，属于向外求索的知识性进路。朱子集北宋五子之大成，作《四书章句集注》，在元明升格为国家意识形态。王阳明思想突破须回应程朱理学对于格物致知的外向型诠释进路，由此也必然涉及《大学》格物致知的重新诠释，确立儒学内在的道德主体：龙场悟道内在自足、灭心中贼向内探寻，都是内在性的表现。王阳明讲学亦是致力于扭转外向倾向，向内在聚拢，如“格物是诚意的工夫”，“道问学是尊德性的功夫，博文是约礼的功夫”，[31]格物服务于诚意，从而扭转了程朱理学的外向型诠释进路；道问学、博文亦是外向求索，王阳明将两者服务于尊德性与约礼，这都是内向型诠释进路。在灭山中贼大获全胜之后，王阳明专意讲学，“将《古本大学》《朱子晚年定论》付梓，凡听教者悉赠之”。[32]《朱子晚年定论》是以朱子晚年内向型之论否定普遍接受的朱子外向型之论，王阳明刊刻表彰朱子晚年定论，相当于揭示朱子学内部的矛盾，将朱子学扭转至内向型。刊刻《古本大学》，王阳明将宗旨向《大学》致知归约，“致知二字，是千古圣学之秘，向在睦时终日论此，同志中尚多有未彻。近于古本序中改数语，颇发此意，然见者往往亦不能察”。[33]《古本大学》恢复程朱移经补传之前的《大学》原貌，其更为深层的用意是重新诠释《大学》的格物致知，将格物诠释为去除私欲，如同洗心藏密、灭心中贼；格物服务于致知，扭转程朱外向型求知的进路，知向内转，对接《孟子》人人本有、不学而知的良知，由此创造性融合《大学》致知与《孟子》良知，形成“致良知”，如泰州学派的李春芳评论王阳明的四书创造性诠释，“夫致知之学发自孔门，而孟子良知之说则又发所未发。阳明先生合而言之曰‘致良知’，则好善恶恶之意诚，推其极，家国天下可坐而理矣”。[34]较之于韩愈、李翱、北宋五子与朱子，王阳明以内在良知确立起儒学道德主体，从而在心性论层次更有效回应佛教冲击，乃至以此统摄佛道。当王阳明的致良知理论成型之际，他也迎来人生中最大的挑战，也就是宁藩朱宸濠叛乱，这正有利于检验“新发于硎”的致良知是否有效。

三、平宁藩乱与推致良知

继续来看王阳明提出良知的时间，在正德十四年之后，王阳明创造性融合“良知”与“致知”继续推进，这可从陈九川的记载看得更为清晰。《传习录下》首列陈九川所记王阳明之教，其中有明确时间且与良知有关者是第六条：“庚辰往虔州，再见先生”，王阳明言“此间有个诀窍”，“只是致知”，“尔那一点良知，是尔自家底准则。尔意念着处，他是便知是，非便知非，更瞒他一些不得。尔只不要欺他，实实落落依着他做去，善便存，恶便去。他这里何等稳当快乐。此便是格物的真诀，致知的实功。若不靠着这些真机，如何去格物？我亦近年体贴出来如此分明”。[35]此条语录的价值在于时间节点恰好是正德十五年庚辰（1520），且致知与良知同时出现，并以此扭转程朱对于格物致知的诠释。这条语录只能证明王阳明以“良知”作为诀窍、真诀；并且“致知”之知亦是顺着“良知”诠释，“致良知”三字仍未出现。这也说明正德十五年是王阳明正式明确“良知”宗旨到正式提出“致良知”的过渡之年，理论储备与思想规模都已经具备，要实现最后的突破，还要进行平藩的淬炼。

在发动叛乱之前，朱宸濠精心策划并准备数十年，可谓苦心积虑，稍微还原一下平宁藩叛乱的激烈以及王阳明应用良知的效果：“宸濠自六月十四日举逆，至七月二十六日被获，前后共四十二日。先生自七月十三日于吉安起马，至二十六日成功，才十有四日耳。自古勘定祸乱，未有如此之神速者。但见成功之易，不知先生擘画之妙也。是日，门生邹守益入见，贺曰：‘且喜老师成百世之功，名扬千载。’”[36]王阳明仓促募集军队迎战，仅用十四日便平定，可见王阳明转化困境、解决问题的能力之强大，也检验了良的有效性。据王阳明的弟子王龙溪记录王阳明晚年对平藩的追忆：“世人利害不过一家得丧尔已，毁誉不过一身荣辱尔已。今之利害毁誉两端，乃是灭三族、助逆谋反，系天下安危。只如人疑我与宁王同谋，机少不密，若有一毫激作之心，此身已成齑粉，何待今日？动少不慎，若有一毫假借之心，万事已成瓦裂，何有今日？此等苦心，只好自知。譬之真金之遇烈焰，愈锻炼愈发光辉。此处致得，方是真知；此处格得，方是真物。”[37]由此可以说平宁藩叛乱真正检验了“新发于硎”的致良知的有效性，也可以说王阳明的良知学成就了辉煌的事功，平宁藩叛乱是王阳明靖乱与致良知联动的最佳体现。这里要注意，王阳明在追忆中仍未明确提出“致良知”三字。

平宁藩叛乱后，正德十六年，王阳明在南昌明确提出“致良知”，据年谱，“是年先生始揭致良知之教”。[38]年谱经众弟子之手商定而成，由此可以将王阳明于正德十六年提出“致良知”是年谱编纂者的共识。这一年，陈九川言于王阳明：“今先生拈出‘良知’二字，此古今人人真面目，更复奚疑？”[39]此言与陈九川所记《传习录下》第六条正德十五年提出诀窍良知在时间上有相悖之处，若以年谱为准，则王阳明提出“良知”两字亦可延后，当然，这些都是王阳明思想发展轨迹的点状呈现。这一年，王阳明致信邹守益：“近来信得‘致良知’三字，真圣门正法眼藏。往年尚疑未尽，今自多事以来，只此良知无不具足。譬之操舟得舵，平澜浅濑，无不如意，虽遇颠风逆浪，舵柄在手，可免没溺之患矣。”[40]如果正德十四年邹守益已经学得“致良知”，王阳明亦无必要再次致信畅叙其说。平藩的成功使得王阳明正式提出了致良知的宗旨，并愈加自信良知，以致良知应对各种患难，乃至死亡的考验。如同舵手操舟，须经过狂风大浪的考验，舵手驭舟的技能从生疏到纯熟，能够应对困难考验的能力逐渐增强；在龙场悟道之后，王阳明经过灭山中贼、平藩王叛乱等逐步升级的考验，他应对困难的能力愈加强大，由此立言、立德、立功，成就三不朽，真可谓：“三言妙诀致良知，孔孟真传不用疑。”[41]正德十五年九月，王艮来学，此时王阳明已平定宁藩叛乱，年谱所载王阳明与王艮讨论的格物致知问题。[42]王艮开创泰州学派，他接受的良知学不再是寻致良知，而是推致良知，这是良知充分自信之后才有的学说形态，由此亦可说王阳明在正德十六年实现了从寻致良知到自信良知、推致良知的转型。

综上所论，从龙场悟道到灭山中贼、平宁藩叛乱，王阳明的思想逐步成熟，从洗心藏密到格物致知的内向诠释，再到提出良知、确立致良知，这种成熟源自困难的考验与困境的转化。王阳明靖乱的成功源于龙场悟道的奠基，王阳明致良知源于靖乱的锻炼与考验。从儒学一以贯之的传统来看，如王阳明所言：“吾‘良知’二字，自龙场已后，便已不出此意，只是点此二字不出，于学者言，费却多少辞说。”[43]据此，亦可说王阳明龙场悟道便有了良知学说，亦无须在细节上纠缠是正德九年、十四年还是十六年正式提出良知或致良知。又如王阳明所言："某于'良知'之说，从百死千难中得来，非是容易见得到此。""学者苦于闻见障蔽，无入头处。不得已与人一口说尽。但恐学者得之容易，只把作一种光景玩弄，孤负此知耳！"[44]据此可知，王阳明提出良知或致良知，并不是直接从《孟子》中摘抄过来，而是源于百死千难的考验与煅炼；亦不是简单地将《大学》的致知与孟子的良知拼接，而是以此回应朱子学的外向型求知导致的支离等弊端，并在实际解决问题、化解困难中得到充分验证。王阳明不仅对此深有体证，而且直接将此对后学和盘托出，由此带来的问题是：阳明后学能够真正理解王阳明的良苦用心吗？是否会辜负王阳明的教导呢？

四、传习良知与应用良知

王阳明在南昌提出致良知，并向弟子邹守益、陈九川等畅言良知之妙，正德十六年六月，王阳明升任南京兵部尚书，离开了江西。由此进一步追问，王阳明的成功典范能否被后学仿效呢？"莫道圣门无口诀，良知两字是参同。"[45]邹守益等阳明后学能否掌握良知的口诀呢？王阳明转化困境的经验、致良知的成功能否向后传递呢？“良知之讲布，四方之和而应之者，能辄弃其沉痼，如云龙风虎，其势蹶焉以起，有不可以枚举。”[46]由此可见王阳明之学在明代的巨大感召力与影响力，后学致良知有成者亦众，《明儒学案》将阳明后学可分为江右王门、浙中王门、泰州学派、止修学派、南中王门、楚中王门、北方王门、粤闽王门等八大门派。王阳明靖乱主要在江西，江右王门（江西弟子）继承发扬王阳明的致良知之教，亦最能体现洗心退藏，“盖阳明一生精神，俱在江右。”“姚江之学，惟江右为得其传，东廓、念庵、两峰、双江其选也，再传而为塘南、思默，皆能推原阳明未尽之旨。”[47]江右王门以收敛退藏、无欲主静为学风，相当于去除闻见对良知的遮迷，这属于洗心退藏的不同表述。“姚江之学”指王阳明之学；“惟江右为得其传”指唯有江右王门弟子得到阳明学的精髓，也可以指唯有江右王门继承了王阳明洗心退藏的精神。黄宗羲列举六位江右王门代表，首列东廓，即邹守益。邹守益传承王阳明的洗心致良知之学，作有《洗心卷》，赋诗云：“圣学一脉传赣水，良心无欲自生生。”“其弟长吾出示《洗心卷》，海内名流，讽讽盈帙”，“夙夜自省，尚光于师训”。[48]其中的“良心无欲”相当于无欲或洗心去除欲望的遮蔽，寻找良知真头面。最后列有思默，即万廷言，他通过洗心退藏积攒精进的动力，“人从向进论精进，我觉年来退有功。退到心源无尽处，始知真进在潜龙”。[49]据《乾》卦初九爻辞：“潜龙，勿用。”龙潜伏蛰居并不是无所事事，而是在潜伏蛰居、洗心退藏处积聚生发的力量，潜伏蛰居是为了更大的进，潜退如同压缩弹簧积攒动能，而且唯有如此，才能真正实现“大哉乾元”的统天之德，如王阳明所言，“《易》之辞，是‘初九，潜龙勿用’六字”。[50]由此可推出洗心退藏可以统摄《周易》所有卦爻辞。换言之，通过洗心退藏，退到“无尽处”，实现静极（水穷）到真动（云起）的转换，得以真进。王阳明龙场悟道可视作通过洗心藏密实现了从退到真进的转化，如王阳明言《遁》卦：“夫当遁之时，道在于遁，则遁其身以亨其道。”“非时中之圣与时消息者，不能与于此也。故曰：‘《遁》之时义大矣哉！’”[51]当然，其他门派的弟子亦能传承王阳明洗心退藏之学，如浙中王门的王畿（龙溪）[52]所言：“良知者，心之灵也，洗心退藏于密，只是良知洁洁净净，无尘之累”；[53]无尘、洁洁净净都是无欲洗心的不同表述，这属于良知的呈现状态，“虚室生白，吉祥止止。”（《庄子·人间世》）无欲洗心呈现出心的吉祥之美。又据王龙溪的弟子张元忭所言：“君子以此洗心，退藏于密。吾人精神易于发泄，气象易于浮动，只是不密。密即所谓凝也。”[54]人心的精神容易发散、泄露，心容易浮躁，通过洗心退藏，可以使得精神凝聚，从而涵养精神活力；通过收敛，可以对抗浮躁，煅炼定静能力，遇事不慌，如同王阳明靖乱时控制大局、从容应对。

王阳明致良知与靖乱联动，阳明后学亦能将致良知转化为解决困难的能力并立功，举四例如下：江右王门的邹元标，以无欲主静、洗心藏密致良知入门，他疏抗首辅张居正夺情，遭廷杖入狱，谴守贵州都匀。如同王阳明在龙场悟道，邹元标在都匀悟道，转化逆境，后至左都御史，清正敢言，苟利国家生死以之，愿学求仁，树立了明代最高监察机构致良知的典范。与邹元标同门的郭子章，亦以无欲主静为学，以此应用于为政，断案如神（后世传有郭公案，如唐代狄公案）；他平定贵州土司杨应龙叛乱，奠定了云贵川的格局，功勋卓著，官至兵部尚书。浙西唐枢以讨真心为宗，对弟子许孚远言："今学者从事致良知，必于践履上磨炼，庶不凿空起意见，堕文过用私。"[55]许孚远秉承师教，以克己为宗旨，亦重视江右王门的收敛静定，以此应用于为政，磨炼良知，巡抚福建，处置叛乱立功如同治心立德。在内阁首辅支持下，许孚远从用间、备御、征剿三方面抗倭，对于东亚与南亚国际政治关系稳定起到重要作用。许孚远的弟子刘宗周删减《传习录》高妙语，形成实致良知的《传信录》，以诚意慎独为宗旨，静气如山，修正学，淑人心，官至左都御史，树立成人之学的道德典范。明亡后，刘宗周绝食殉国，被誉为一代完人。这些阳明后学实致良知，在立功上展现阳明学的效用，知行合一，真正继承了王阳明之学。

综上，从王阳明的洗心藏密到龙场悟道，从龙场悟道到确立致良知宗旨，从确立致良知宗旨到后学传承发扬光大，三者一以贯之，并向上承接文王、孔子，由此可以说王阳明是文王、孔子之学的真正继承者，在明代树立了大儒的典范，并带动后学的效仿。王阳明勇于面对困境，将困境的苦难作为成就人生辉煌的资源，通过洗心退藏积聚生发的力量，收敛内心的浮躁，涵养精神，以此实现靖乱的成功。如果没有洗心藏密的积聚，不煅炼转化困难的能力，后学只是口耳相传，其最终结果可能堕落为空疏、猖狂、自恣的“假阳明后学”，正如王阳明担心的：“但恐学者得之容易，只把作一种光景玩弄，孤负此知耳！”又如冯梦龙在书中结尾嘲讽：“堪笑伪儒无用处，一张利口快如风。”

张昭炜

二〇二五年四月连日春雨之时

注释

[1]

本书第58页。“左右逢源”据孟子之言，此论见于王阳明晚年嘉靖甲申（1524）六月作《自得斋说（甲申）》：“孟子云：‘君子深造之以道，欲其自得之也。自得之则居之安；居之安则资之深；资之深则取之左右逢其源。故君子欲其自得之也。’”“古之君子，戒慎不睹，恐惧不闻，致其良知而不敢须臾或离者，斯所以深造乎是矣。是以大本立而达道行，天地以位，万物以育，于左右逢源乎何有？”（《王阳明全集》，上海古籍出版社2011年版，第296页。）

［2］

本书第68页。

［3］

本书第72页。

［4］

钱德洪:《阳明先生年谱序》,《王阳明全集》,上海古籍出版社2011年版,第1500页。

［5］

钱德洪:《答论年谱书》,《王阳明全集》,上海古籍出版社2011年版,第1523页。

［6］

《年谱一》,《王阳明全集》,上海古籍出版社2011年版,第1354页。

［7］

《年谱一》,《王阳明全集》,上海古籍出版社2011年版,第1353页。

［8］

王守仁：《读易》，《王阳明全集》，上海古籍出版社2011年版，第747页。

［9］

据《系辞上》："是故蓍之德圆而神，卦之德方以知，六爻之义易以贡。圣人以此洗心，退藏于密，吉凶与民同患。神以知来，知以藏往，其孰能与于此哉！"其中"圣人以此洗心"之"此"指向前文的蓍、卦、爻。《周易》是通过蓍卦爻象征性表达变易的经典。人生在世，有顺境有逆境，有险有夷，有吉有凶。根据《周易》的变易：顺境时要警惕向逆境变化的风险，防患于未然；逆境时要积极转化，对顺境充满希望，而不应该抱怨、观望、消沉。"圣人以此洗心，退藏于密"，涤荡炽欲之心，在藏密中积攒转化的力量，以实现人能转境，变凶为吉，化险为夷。又据《孟子·告子下》："故天将降大任于是人也，必先苦其心志，劳其筋骨，饿其体肤，空乏其身，行拂乱其所为，所以动心忍性，曾益其所不能。人恒过，然后能改；困于心，衡于虑，而后作；征于色，发于声，而后喻。"如同宝剑千锤百炼而后成，人经困难淬砺而堪大任。如果没有龙场的煅炼，王阳明生活优越，仕途顺利，也难以成就后续的靖乱之功。

［10］

王守仁：《泛海》，《王阳明全集》，上海古籍出版社2011年版，第757页。冯梦龙将此诗作为王阳明在武夷山会晤铁柱宫道人之后的题壁诗，见本书第64页。

［11］

王守仁：《杂诗三首》之三，《王阳明全集》，上海古籍出版社2011年版，第760页。

［12］

黄绾：《阳明先生行状》，《王阳明全集》，上海古籍出版社2011年版，第1557页。

［13］

王守仁：《玩易窝记》，《王阳明全集》，上海古籍出版社2011年版，第988页。

［14］

《年谱一》，《王阳明全集》，上海古籍出版社2011

年版，第1354页。“石墎”，原作“石墩”，疑误。

[15]

“夫冲冒雾露，扳援崖壁，行万峰之顶，饥渴劳顿，筋骨疲惫，而又瘴疠侵其外，忧郁攻其中，其能以无死乎？”“自吾去父母乡国而来此，二年矣，历瘴毒而苟能自全，以吾未尝一日之戚戚也。”（王守仁：《瘗旅文》，《王阳明全集》，上海古籍出版社2011年版，第1049页。）

[16]

王守仁：《玩易窝记》，《王阳明全集》，上海古籍出版社2011年版，第989页。

[17]

王守仁：《睡起写怀》，《王阳明全集》，上海古籍出版社2011年版，第793页；本书第62页。

[18]

王守仁：《玩易窝记》，《王阳明全集》，上海古籍出版社2011年版，第989页。

[19]

钱德洪:《五经臆说十三条》序,《王阳明全集》,上海古籍出版社2011年版,第1075页。

[20]

王守仁:《五经臆说十三条》,《王阳明全集》,上海古籍出版社2011年版,第1078页。

[21]

郭子章:《先师胡庐山先生行状》,《胡直集》,上海古籍出版社2020年版,第993页。

[22]

本书第74页。

[23]

本书第73页。

[24]

徐爱:《洗心轩记》,《徐爱集、钱德洪集》,上海古籍出版社2024年版,第73页。

[25]

王守仁:《与杨仕德薛尚谦》,《王阳明全集》,上海古籍出版社2011年版,第188页。

[26]

王守仁:《王阳明全集》,上海古籍出版社2011年版,第870页。

[27]

黄绾:《阳明先生行状》,《王阳明全集》,上海古籍出版社2011年版,第1559页。

[28]

陈来:《有无之境:王阳明哲学的精神》,北京大学出版社2013年版,第150页。

[29]

聂豹:《大司成东廓邹公七十寿序》,《聂豹集》,凤凰出版社2007年版,第519页。束景南先生认为是正德十四年王阳明提出致良知,在其列举的六条材料中,惟第三条材料最可信,也就是聂豹的寿序。聂豹与邹守益都是王阳明的直传弟子,同为江右王门的重要领袖，聂豹与邹守益相知亦深，且聂豹此序是为邹守益七十大寿所作，邹守益必定看到，亦认可聂豹所作。第一条材料出自宋仪望，宋仪望是聂豹后学，他所作的邹守益行状是邹守益去世之后的追述，其中提出“致良知”不可尽信；同理，第五条材料出自徐阶，徐阶亦是聂豹后学，他所作的邹守益的神道碑亦存在的类似问题，碑文提到王阳明以“独”对接“良知”，由此慎独即是致良知。第二条材料出自邹德涵，邹德涵是邹守益之孙，记忆更为不清晰，有夸大祖父之嫌，且“致良知”之说显然承袭徐阶之论。第五条是黄宗羲所作《明儒学案》，此条并未出现“良知”与“致良知”，而重点在于邹守益重视的慎独。第六条为耿定向为邹守益作传，耿定向之作兼有慎独与致良知，当是承接了徐阶之论。（束景南：《王阳明先生年谱长编》，上海古籍出版社2017年版，第1108—1111页。）

[30]

邹守益：《复王东石时祯》，《邹守益集》，凤凰出版社2007年版，第500页。

[31]

本书,第75—76页。

[32]

本书,第134页。

[33]

王守仁:《寄薛尚谦》,《王阳明全集》,上海古籍出版社2011年版,第222页。

[34]

李春芳:《重修阳明王先生祠记》,《王阳明全集》,上海古籍出版社2011年版,第1644页。

[35]

王守仁:《传习录下》,《王阳明全集》,上海古籍出版社2011年版,第105页。

[36]

本书,第194页。

[37]

王畿:《读先师再报海日翁吉安起兵书序》,《王畿集》,凤凰出版社2007年版,第343页。

[38]

《年谱二》,《王阳明全集》,上海古籍出版社2011年版,第1411—1412页。

[39]

《年谱二》,《王阳明全集》,上海古籍出版社2011年版,第1412页。

[40]

《年谱二》,《王阳明全集》,上海古籍出版社2011年版,第1411—1412页。

[41]

本书,第242页。

[42]

《年谱二》,《王阳明全集》,上海古籍出版社2011年版,第1410页;本书,第229页。

[43]

钱德洪:《刻文录叙说》,《王阳明全集》,上海古籍出版社2011年版,第1747页。

[44]

钱德洪:《刻文录叙说》,《王阳明全集》,上海古籍出版社2011年,第1747页。

[45]

王守仁:《咏良知四首示诸生》,《王阳明全集》,上海古籍出版社2011年版,第870页。

[46]

唐枢:《国琛集》下卷,《唐枢集》,武汉大学出版社2023年版,第445页。

[47]

黄宗羲:《江右王门学案一》,《明儒学案》,中华书局2008年版,第331页。

[48]

邹守益:《洗心卷二首》,《邹守益集》,凤凰出版社

2007年版，第1252页。赣水指赣江，江西省内最大河流，从南向北，流经赣州、吉安、丰城、南昌等地。赣江流经地区亦是阳明学传播的重要区域，比黄宗羲所列阳明后学的六个代表都属于赣江流域：罗洪先（念庵）为吉安吉水人、刘文敏（两峰）与王时槐（塘南）为吉安安福人、聂豹（双江）为吉安永丰人，万廷言（思默）为南昌人。以江西为中心，通过这些弟子为宦讲学等，阳明学的火种播散到全国。

[49]

万廷言：《杂诗》，《万廷言集》，中华书局2015年版，第399页。

[50]

王守仁：《传习录上》，《王阳明全集》，上海古籍出版社2011年版，第20页。

[51]

王守仁：《五经臆说十三条》，《王阳明全集》，上海古籍出版社2011年版，第1079页。

[52]

本书,第236页。

[53]

王畿:《致知议辩》,《王畿集》,凤凰出版社2007年版,第139页。

[54]

张元忭:《张元忭集》,上海古籍出版社2015年版,第562页。

[55]

唐枢:《与钱守中、许孟中十谛》,《唐枢集》,武汉大学出版社2023年版,第294页。